金門神話

金門佛寺宮廟啟示書

陳澤眞 編著

縣長序

金門島，包括金門本島及烈嶼、大膽、二膽等十二個大小島嶼，總面積約一百五十平方公里。金門位於福建東南九龍江口外，東距臺灣二百七十公里，西距廈門外港約十公里，距離中國大陸之角嶼僅一點八公里。金門歷史可從晉代五胡亂華，漢人避禍於此開始談起，當時的金門就是個美麗的仙島。金門舊名「浯洲」、「仙洲」。根據《金門縣志》記載，浯洲命名之由來，可能與泉州府晉江有一條浯江而命名。至於仙洲之名，則因太武山的別名為「仙山」而得。金門之名則始於明代洪武年間，為了抵禦外寇，防患海盜在島上構築城池，因其形勢「固若金湯，雄鎮海門」，後來就稱之為「金門」。

金門開發甚早，近年來在金湖鎮復國墩遺址，發現內有陶片與貝殼，經臺大物理系進行碳十四測定後，該遺址年代距今約六千年前，即當時已經有人類居住於此。自古以來，金門一直有「文風鼎盛、海濱鄒魯」的美譽，歷經宋明清等三個朝代至今，一共出過五十位進士，一百五十九位舉人，近百位的將軍。對於幅員僅有一百五十平方公里的海島而言，金門進士密度之高，是中國科舉史上的一項文化奇蹟。

四十多年的軍事管制使金門都市化腳步遲緩，產業結構升級過程慢半拍，反而得以留下豐富的戰地文化、自然景觀、古蹟文物、傳統聚落及傳統閩南式建築等。金門孤懸海上，因其特殊的地理位置及源自中原一脈相承的歷史發展，加上多次戰火洗禮下的歷史痕跡，包括戰備坑道、軍事碉堡、砲山陣地等各種戰備設施，成為今日彌足珍貴，意義非凡的觀光資源。現在全島綠樹成蔭，公路四通八達，道路兩旁繁花似錦，富麗多彩，景緻優美。街道整齊清潔，百姓安居樂業，四處湖光水色，景色幽美，是個名副其實的海上公園，好多熱門的打卡點，竭誠歡迎大家前來觀光旅遊。

謹述數語，聊作《金門神話》一書之序。

金門縣長 陳福海 謹誌

中華民國壹百壹拾貳年拾月

立委序

金門朱子祠位於浯江書院內，是為了紀念朱熹而建的一座祠宇，現屬國定古蹟。朱熹是南宋著名的理學家，西元一一五三年，即宋高宗紹興二十三年，朱熹擔任福建同安縣主簿（主任祕書）時，曾經來過金門講學。創設金門最早的「燕南書院」，來教育莘莘學子們，影響日後金門學風甚為巨大，金門之地方百姓也因此對朱熹懷有一份感激、尊崇、親近的特殊感情。

金門是一個孤懸海外的小島，而後能脫除蠻荒之名，蔚成良好社會風俗，並培養出許多傑出人才，絕對是受到朱子的影響，不容置疑。《金門縣誌》：「金門自古以來民風淳樸，素有海濱鄒魯之稱，宋以前草芥初辟，民習勤勞。宋以後受朱子教化，民尚禮義。」這段文字證明了朱熹對金門傳統禮儀教化的偉大貢獻。

金門本是個地靈人傑，人文薈萃的美麗島嶼，但歷史的偶然，曾經使金門遭受無情戰火的摧殘。沒有昨日苦難的金門，就沒有今日繁榮的臺灣，在戰爭的砲火下，金門仍舊能夠保留原有的閩南文化，十分不容易。文化不僅是有形的產物如建築、飲食、工具等，也是生活態度、人生觀念、價值認同等。金門人民遵循著傳統禮教及宮廟宗教文化，代代相傳，形成堅固的禮儀社會，對國家民族的復興，及傳統文化的延續，有份無法取代的責任感。

今日的金門在軍事戰略上的角色已大為降低，取而代之的是兩岸交流，相互尊重，釋放善意的最佳平台地位。在確保台灣人民追求自由、民主、和平與繁榮的權利下，台海之間的永久和平，以及兩岸關係改善，是必然的趨勢，也是國際所共同期待。海峽兩岸雙方皆應體認到「戰爭沒有贏家」，戰爭絕非解決兩岸問題的優先選項，天佑臺澎金馬，永久和平，無災無難。

喜逢《金門神話》編輯完成，為金門佛寺廟宇的宗教文化，留下值得紀念的一頁，茲值付梓之際，欣為是序。

立法委員 陳玉珍 謹誌

中華民國壹百壹拾貳年拾月

佛教會理事長 序

金門人的祖先均由閩南一帶移民而來，原鄉供奉神明及信仰習慣，也隨之傳入島內，加上金門自然環境和人文因素的影響，民間的宗教信仰一直以來都很興盛，不論佛教、道教、媽祖、關爺、王爺、保生大帝、註生娘娘等各類神祇，莫不虔誠奉祀，形成「村村有廟」的景象。

金門地區佛教信仰源遠流長，有著悠久歷史和文化內涵，以海印寺為例，在宋朝時就有出家人駐守寺中，但缺少史料可印證。清朝乾隆之後，則有較為完整之記載，如首任住持一本禪師，乃清代得道高僧，具神通而修苦行，西元一八九三年，清光緒十九年，年逾百歲了，還遠赴東南亞弘法五年，最後在菲律賓坐化圓寂。

大乘佛教的核心思想，認為眾生皆有佛性，人人都能成佛，只要能找回自己的真如佛性，自覺覺他，覺行圓滿必能成佛。實踐佛法的修持總綱是：「勤修戒定慧，息滅貪瞋癡。」貪瞋癡又稱為三毒，是指貪欲、瞋恚與愚癡。為何稱之為毒？因為此為一切惡行的根源，毒害眾生的身心靈極為嚴重，能令眾生無量劫受苦而無法出離。「息滅」之「息」是停止之意，但停止還不夠，因為貪瞋癡的種子和習氣還在，故要滅之滅盡，從根本斷除而永不再犯。

在佛教教團中初入道的沙彌，又名「勤息」，就是要「勤修戒定慧，息滅貪瞋癡」之意。由此可知「貪瞋癡」須要靠佛法的「戒定慧」三學才能降伏。戒可修善積德，自淨其意，防非止惡。定可收攝散亂，摒除雜念，見性悟道。慧能顯發本性，斷除煩惱，見佛實相。此三者即由戒生定，由定發慧。三學實為佛道之至要，一切法門盡攝於此，故當不畏困難，精進修學。

謹此數語為《金門神話》之序。

金門佛教會理事長釋性海 謹誌

中華民國壹百壹拾貳年拾月

編者序

風塵僕僕，馬不停蹄的走完馬祖的所有宮廟後，觀音佛道協會天團成員高遠麗、樂珍珍、陳瑞香、林志英、甘世峰、張滄棋、陳品全等，繼續努力向前走，又來到了金門。因為大家彼此發心，互相努力，不辭辛勞的去完成每一間寺廟的使命，繼續完成天人共辦的第二本天書《金門神話》。金門佛教佛寺、道教宮廟、儒家書院、耶教天主堂等，只要有機緣我們能走進去的，神佛都有扶鸞闡教，總共賜予二百七十三篇聖訓，現在呈現在各位面前的這本書《金門神話》，就是前一段日子神人共辦，天人合一，得來不易的成果，把佛道一家，三教合一、五教同源的思想，化為信念與行動，具體實現。

首先要感謝金門佛教會理事長，海印寺住持性海師父。師父一開始對於整個計畫就表示支持，並且把金門縣佛教會的車子借給我們，也因為這輛漆有「金門縣佛教會」車子，讓整個在金門地區的拜訪，受到對方的禮遇，才能順利完成。性海師父這種能跨越不同教義鴻溝，與所有宗教和睦相處，彼此包容，相互尊重的情懷，令人敬佩。另外，還要感謝金門縣佛教會祕書陳忠飛先生的幫忙，順利完成金門地區傳統宗教文化，神佛扶鸞闡教傳天音的聖事。

本書書名《金門神話》，即說明這是金門地區有史以來最大規模、全面性的佛寺與宮廟神佛，沙盤飛鸞，批訓闡理。神話者，神明所說的話也，神明為何選擇這個時間說話？末法時期，天時緊急，不得不說，否則再慢就來不及了。神明又說了哪些話？「天是父母，人是子女」；「一切是命，明白真道」；「命是因果，唯德可化」；「救人救心，先救自己」；「人心之苦，苦在不明」；「先天後天，兩相顧全」；「先天後天，佛心來用」；「明心見性，了脫生死」；「修去稟習，頓悟佛心」；「理天世界，真實存在」；「理天聖域，趁早回鄉」；「領受天命，真正福氣」；「祖脈傳燈，天命延續」；「隨師轉輪，方為究竟」等等，是其中的要義。諸天神明在本書中所闡述之真理，文雖淺白，寓意深長，大家只要用心研讀，必有所領悟。除此之外，關於本書，個人還有底下幾點心得：

（一）神道設教：「神道設教」此句出自於《周易．觀卦》：「觀天之神道而四時不忒，聖人以神道設教而天下服矣。」白話語譯如下：「聖人觀察大自然運行的神妙規律，就能理解四季交替毫不差錯的道理。聖人效法大自然的神妙規律，由上天設立教化來教育萬民，全天下之人自然信服。」以上「神道」一詞，「神」是指「神佛」或上天的運行規律，很神奇，很神妙之意，所以「神道」即「天道」。上天為了讓天下百姓明白「道為何物」，所以才有五教聖人宣講真理來教化萬民，教人來認識「神」，認識「道」，認識「天」。《中庸》：「修道之謂教」，更是直接說出「教化的目的就是依道的原則來修行」，換言之，「道」才是宗教信仰的重點。道就是路，回理天的一條道路，人的靈性既然由理天而來，重歸理天，復於真境，才是真正人生應該走的路。

許多人把宗教視為人生最高價值，這種觀念是不正確的，信教或歸依宗教的真正目的，是為了「認識神佛」、「認識大道」、「認識理天」與「認識靈性」，先認識進而認同，最後深信並成為信念，化成行動來自渡渡人，成己成人，而不是只有心靈寄託的表面信仰而已。以時間來論，五教出現的時間約二千五百年前，但「神佛」、「大道」與「理天」早在億萬年前已存在。不論是「時間先後」或「位階高低」，「神、道、天」三者才是宇宙天地中最高境界，最高價值，三者同出而異名，其重要性比世俗宗教要高出許多，五教聖人所宣揚的真理教育，主要的內容也離不開此一宗旨。

（二）天事難辦：孔子說「五十而知天命」，孔子年過半百時，知道了上天要他做的天事，什麼是天事？就是代天宣化，傳上天的道脈，宏揚道德來救渡人心。天命不只是思想理論而已，而是上天對先天大道在世間流傳，對傳道者的一種「具體規範」與「嚴格要求」，故天命是點玄傳道有效的依據，是佛子回歸理天確實的保證，是上天賦予無上的權柄，天命即天律，天命即天事。天命之事沒有幾個人能懂，也沒有幾個人能做，天事以「天命為憑」，所以必須有像孔子這樣子有德行的人，懂天命，識天時，順天意，遵天律，承接天命後才能去做上天交待的事。

（三）超氣入理：諸天神明既然已為神明，為何仍須求得理天三寶？因為人們活在現象界與大氣層中，把眼前世界視為真實且永恆存在。其實，象天與氣天都只是後天暫存，終將毀壞，只有理天才是真靈的故鄉，才能真正的不生不滅，不隨變化。氣天神尊雖能享千歲福報，但最終也將福盡而墜，繼續在三界六道中輪迴，故氣天神明亦紛紛想求理天大道，仰仗諸佛與天力的加被，超氣入理，成為理天仙佛，方為究竟。

（四）先天後天：修行一定要有先天的觀念，否則一定白修一場，修道修心，認知與觀念就是心。何謂「先天」的觀念？先天即沒有天地之前的東西，那是些什麼？全都是無形無象的東西，如靈性、佛性、本體、祖脈、天命等概念。這些看起來似乎很難具體掌握的觀念，只要清楚了，明白了，今生今世，生生世世，一定能明心開悟，快樂修行。許多人認為我的道場中有很多人一齊修，我吃素，也渡人，也在佛堂學習，應該就是算是有在修道了吧。像以上這樣子的修道認知，其實就是錯誤認知，像這樣子的修行，跟先天大道一點關係都沒有。修行要先後並行，先後兼顧，自己的生活、事業、家庭等屬於後天，要自己去面對與圓滿。至於先天即責任，先天大道觀念正確了，進而自渡渡人，就能先後兩顧全。

（五）天命祖師：理天三寶究竟是什麼祕寶能渡化氣天神明？理天是在佛家所說的三界之外，天外之天的最高天，此天沒有六道輪迴。理天之境至清至淨，萬劫常存，真實不虛，不生不滅，為吾人之靈鄉，本靈居住之地，無極真宰上帝的殿堂。無極理天是心性圓通無礙之聖者，才可以達到的境地，為神佛及大羅金仙所居地，理天仙佛不但逍遙於理天聖域，而且往來無阻於三千大千世界。

渡化氣天神明是上天大事，一定是由上天之明命來主導，「天命」是無極理天的核心價值，「祖師」是先天大道的關鍵概念，由綿延不絕道脈中，承接天命的住世祖師與三才，才有能力辦理三曹普渡這件大事。《尚書・康誥》：「天命靡常。」意思是天命是會轉移的，天命的轉移不是偶然與隨意的，而是有原因與根據的。其中最重要的是天命配合天時而變，道統中的歷代祖師接天命，完成在世傳道之任務後，即是天命轉移之天時已至，將由新接掌天命的應運祖師接道脈，繼續大道普渡未盡之聖業。「道脈銜接」之理如一年四季自然運轉，不易之理，簡單易懂，放下我執，即能明白「祖脈傳燈，天命延續」其中真義。傳道者若固執己見，人心用事，所修背理，所辨非道，誤人誤己，獲罪於天，無所禱也。

（六）理天三寶：理天三寶為何是寶？沒有靈性，人根本無法存活，所以第一寶靈性是人生至寶。人為三才之一，得天地全氣，心靈原可直通三天，來去自如。但因為輪迴已久，因果業力讓人紅塵流浪生死，無法自覺修行，所以需要有上天降道，諸佛庇佑，因此又有二三寶之賜予。理天三寶意義非凡，內涵豐富，是上天非時不降，非人不傳，應運而降的無上心法密寶。是法平等，無有高下，但悟有頓漸，各隨機緣與慧根。理天三寶其它內容如下：第一寶，正門正竅，是斂心息念方便之法。守玄最初乃收攝萬念皈於一念，最終則應無所住而生其心，玄之又玄，眾妙之門。有事沒事常常守玄，時時清淨，一心不亂，自然能跟上天心心相印，天人合一。第二寶，無字真經，是與佛相應方便之法。若能常常持念，久久功純，持而無持，平常用來逢凶化吉，脫劫避難，久之降伏妄念，道在我心，妄念不起，則輪迴即止，生死即了。此寶與觀音佛結「往生觀音淨土」，與彌勒佛結「共赴龍華三會」之聖緣。第三寶，回天印信，是返璞歸真方便之法。赤子之心即是天真無邪之自性佛，無分別、不造作、不執著，順乎自性天然之流露。若能時時懷抱著赤子之心，隨緣渡化，眾善奉行，諸惡莫作，最終必能成道於無極，回歸本然。

神明所說的話，非常重要，無論如何，一定要聽，也一定要懂。

僅此為《金門神話》序。

國立臺東專校食品科技科助理教授 陳澤真 謹誌

中華民國壹百壹拾貳年拾月

目錄

金寧鄉 185

金城鎮 263

烈嶼鄉 349

烏坵鄉 427

金湖鎮

【三魚王廟】

中華民國壹百壹拾壹年七月六日

三魚王公曰：我不太會講話，謝謝！我求三寶，我請我們小廟的媽祖跟大家結緣，再次謝謝大家！

媽祖曰：大家好，非常歡迎，大家有緣，我們廟小但很有福氣呀！我可以先求三寶嗎？感謝感謝感謝！

三生三世輪迴轉　魚仙魚人皆是命
王者風範有佛心　公正有義有今日
攜手喜迎天團臨　媽祖道心責任扛
祖上有德有今日　共心齊力護道盤
辦理天事人有福　天降大道明你心

事事有道事事清　真心真意我佛心

歡天喜地待回鄉　喜上加喜兩袖清

我講到這裡，非常感謝，要感謝的人很多，希望有緣再見哪！

【護安宮】

中華民國壹百壹拾壹年七月六日

金府王爺曰：

感謝，感謝！今日足歡喜，咱眾王爺都在這裡等很久，我是護安宮最英俊那位。每一個人都說自己最英俊，重要的是今天要求三寶啊！不管多英俊，都是一時的，最重要的是求得三寶，可以走遍三界做大代誌，才是永永遠遠的。我是金府王爺，我先求三寶，感謝，感謝！我可否代眾王爺求三寶，我代替咱眾王爺跟大家感謝，感謝！

一生做人有義氣　回天上天點你去
來到金門做王爺　護鄉佑民人誇獎
說我有靈有神通　其實可以救人身
今日接到天道寶　明白天人本一家
天是父母人是子　不知回去人間遊
原來做人要明理　道理人人都會說

天理不說你不明　佛子降到人世間
面對因果來了願　什麼大願等你了
人心佛心本一體　現在佛心看不清
人人私心拿來用　上天才會天災降
所以佛子明道理　說給人聽走大路
一生短短很快過　明心見性第一步
讓你明白你責任　說給人聽救人心
人人私心變佛心　將來不用再流浪
了脫生死是第一

不好意思，不好意思，我說很多，還有什麼事？（問：弟子想為人民服務，想選里長。）

選舉你先要做事　做官本是大代誌
就像做神聽人苦　聞聲救苦是責任

想要大富貴可以嗎？你本是善良人，政治看你有無力量，什麼力量知道嗎？你知道有心不一定會成功，但是有人助你成喔！我這樣說，不能說到很白，聽懂嗎？善心當然有善報，只是你要走什麼路，救人救心救永遠，有形財富一生用，無形功德上天堂啊！等一下請老師解釋。還想問什麼？（問：弟子想幫王爺整理廟，整理漂亮一點），我先感謝你，如果昨天問我，會說好啊！你今天問我，會說你高興就好，為什麼？現在要講的話很重要！

我的責任是助你　你心高興我高興
有形世界人間事　無形世界是真理
了脫生死了你苦　做人就是心不明
不明道理才會苦　明白道理事事輕
本來天上自由飛　來到人間用你心
生老病死是一生　苦在沒法解你苦
現在知道真道理　可以放下你煩惱
事事你知怎麼走　用你佛心對佛子
吃虧其實是功德　了你責任心快樂

我說完，再次感謝大家，再次感謝大家！咱們期待再相會。

【庵邊明朝祖】

中華民國壹百壹拾壹年七月六日

明朝祖曰：

大家好！非常感謝來到此地，我們雖是小廟一座，但是光芒萬丈啊！真的等大家很久了，可否先求天道？卍佛佛彌勒南無佛觀音。

萬佛一心回原鄉　佛子人間苦海遊
佛心心苦無處訴　彌勒降世不遠時
勒（樂）心也是你本心　南海觀音姐妹情
無心插柳柳成蔭　佛心護你一生行
觀音觀心觀自在　音敲你心我感應
明白我自何處來　心中想往何處去
見你本心明道理　性命玄關大堂坐
是非道理我今明　真神本是我自有
道心佛心終漸明

我們飛哥想要知道，我來自何方，若要想問上一世，本為明朝一佛子，這你是知道的。人的一生只是一小段，重要的是我領天命，在此等候天團，所以才說廟小有靈有道，其實是光芒萬丈啊！蓋大廟給誰看？給誰用？也是給世間人看給世間人用啊！這樣說你明白嗎？只要方向對了，對人的心有幫助，什麼都可以做。你就是神，你就是佛，人人本是天上來，關爺觀音是家人，你心有道自會明，莫要為世間有形物給綁住了，做的是什麼事？是有意義的？還是只是短暫的呀！有意義讓人脫生死輪迴，短暫的讓人這一世心快樂，但還是再輪迴。

你還問到金身怎麼做？看我是文是武，應該明白。剛才珍珍問我金身怎麼做啊？我的腦子裡出現老祖師，因為老祖師仙風道骨，大概就這樣子的。朝仙風道骨去做，但是金身給誰看啊？也是給眾人看，所以你怎麼做我怎麼高興，我說完，再次感謝大家，我們一定會再相會。那我就退了！

【滄龍宮】

中華民國壹百壹拾壹年七月六日

森府王爺曰：

大家好啊！我是本殿森府王爺，感謝感謝，感謝啊！我可否先求三寶？感謝感謝，我可否代其他堂上眾神佛求三寶？感謝感謝再感謝，原來理天是我原鄉啊！

滄海一粟我佛子　龍心也是佛心來
宮中兩口講人聽　森林也有觀音坐
府前府後喜洋洋　王爺恭候天團臨
爺心原來是佛心　喜歡助人明真理
相親相愛一家親　迎新送舊順天意
天事我來大道行　事有第一傳道去

今日這裡可是金碧輝煌，好多的觀音，好多的媽祖，我知道眾神佛的世界眼界不一樣了，我言到此，非常歡迎大家，希望再次光臨。

（問：森王爺朝代什麼時候？）宋朝名靖明，開基地河南。不要再問了，三才腦袋會燒起來。我也要感謝上天，我們一定會再相會。

【天后宮】

中華民國壹百壹拾壹年七月六日

天上聖母曰：

大家好，我是咱這裡天后宮天上聖母啊！感謝大家來到此地，我可以先求三寶？感謝感謝，我要代替咱眾神尊求三寶，感謝咱代理師母，感謝大家。

今日歡喜接天團　媽祖觀音我姐妹
關爺王爺我兄弟　天堂原本我故鄉
救人救心下凡塵　人心變做私心用
人間不見天堂景　末法時期天時緊
點兵點將早明心　明心以後有力量
放下凡心登佛心　不可隨便做天事
只要你來用心做　自然感應天給你

我說到此，再次感謝大家！

【順濟宮】

中華民國壹百壹拾壹年七月六日

天上聖母曰：

大家好啊！感謝大家來到很美很美天后宮，我是咱本殿天后宮天上聖母，歡迎咱天團，也歡迎很多很多的仙尊菩薩。我知道今天有大代誌，對我們氣天神來說，我本來感覺自己責任很大，今日媽祖本尊跟眾姐妹來這跟我說，你要做不同的事，你可以幫助上天救咱佛子的心。第一個要求三寶，麻煩感謝我可以代替其他神尊求三寶？感謝。

順天應命祖脈傳　濟世救人要救心
宮中媽祖細思量　天事怎樣說分明
上天慈悲派天團　聖人世間來流浪
母親天上眼淚滴　天堂本是我故鄉
人心不古回不去　共心共力來傳道
辦了天事你感心　責任你我今日擔

任務重要我打拼　擔起天道任務走

原來天事也有份

氣天神變做理天神，一般人變做佛子心，都是一個緣份。這個緣份是上天與你的約定，就像那位明朝祖他說的，在那裡等很久，為什麼在那裡等？那是上天給他的一個承諾，所以你們知道，明朝到現在，祂等多久？就像大家一樣，就像現在無煩無惱，真的會很快樂。重要的是，你可以做什麼？這要有智慧緣份，香香姐、志善你們說對不對？感謝大家，感謝咱們飛哥，沒你咱們天團那有可能來這裡，其實也會來，因為都安排好了，只是咱飛哥也是一位約定的人喔！我說到此，感謝感謝。

【慈鸞宮】

中華民國壹百壹拾壹年七月七日

天上聖母曰：

大家好啊！今日足歡喜啊！我是咱本殿天上聖母，剛才咱有一個有緣的人，她的好朋友，想要有這個機會跟她結緣，甘有人有思念以前過去有緣？可是緣短短的。我說的是在坐有一個人，他過去一個朋友在思念你，有人有感應嗎？飛哥夫人、飛嫂的朋友，咱三才也不知他是誰，不過他足思念你。沒關係，你知道就好，既然有緣來到這，他就有機會回去理天世界，咱可以先求三寶嗎？感謝感謝，我可否代替本殿其他神尊求三寶啊！大家足歡喜足歡喜喔！

慈悲上天降天道　**鸞**堂傳達上天意
宮坐每尊一家人　約定今日見本靈
你是理天下凡來　世世代代好善心
時間已久攏忘記　忘記母親天上等

流浪生死無盡頭　今日有緣傳天旨
明白那時憶當時　將有一天要回去
只是不知還幾年　理天佛子有佛心
助人解苦尚歡喜　找到你路走大步
你心有感上天恩　到時回去袂煩惱
責任有做願有了　那個有緣人在這
共同打拼辦天事　伊來助你有力量
你走一步伊兩步　鸞堂可以救人心
救人要先救自己　人生短短如雲煙
風吹無痕心知道　無形世界是真的
改變輪迴是不易

拍謝，咱口音很重，讓你們聽的很辛苦，我說很多，因為足歡喜，若沒事我要退。（主委：祈求媽祖保佑大家平安，讓船出海滿載，平安順利。）

本來就是我責任　只是說那袂無盡
一切上天有定數　了解天意心要靜
一世過了又一世　把握人身做好事
什麼好事是第一　了解你是佛子心
佛子人人有佛心　佛心玄關睡著了
把它叫醒做代誌　不是別人叫你做
自己下凡都忘記

這樣有了解嗎？可以做主委那是很大的官，大家都有佛心，人人是關爺，人人是媽祖啊！感謝你把這裡照顧的很好，你有心我就有應。還有話要說還是問的？再次感謝大家，今天這裡很多很多媽祖啊！我說到這裡，感謝大家，感謝大家。

【忠義廟】

中華民國壹百壹拾壹年七月七日

關聖帝君曰：

大家好，大家好！歡迎歡迎來到我們忠義廟。今日好多的神佛啊！我可否先求三寶？感謝感謝，我可否代堂上眾神佛求三寶？原來上到無極理天是這種感覺啊！我感覺什麼都沒有了，原來一個無字定義是這樣呀！太神奇了，我今日明白為什麼人生是苦啊！無憂無慮就是如此啊！

忠字佛心玄關坐　義薄雲天是慈悲
廟裡乾坤隨人至　原來救人唯心造
何謂頓悟今日明　天上人間一家親
人心不見佛子心　上天降道末法期
修道因緣各自有　緣份已到你心瞭
人人皆有神通力　只要明心又見性

神通無比心感應　　大災大劫關關過
上天護你天事辦　　將來交差好回去
我言到此，再次感謝大家，我們期待再相會呀！

【伍德宮】

中華民國壹百壹拾壹年七月七日

蘇府王爺曰：

大家好啊！我是本殿王爺，感謝大家，感謝大家！今日好日好天好時，要來接好寶喔！我可否先求三寶？世界不同，責任不同，心不同，力量不同。我可代其他神佛求三寶？感謝大家，感謝大家，為了渡咱眾生回天上的故鄉，大家辛苦了，辛苦了。

蘇府今日有喜事　府中上下喜氣滿
五王眾神站著等　王爺今日回理天
爺心原來佛子心　接到三寶明心性
天上母親思兒女　道來降下明你心
感動在座眾神尊　天人共辦我責任
恩情我報了我願　人生這個大祕密
簡簡單單說你聽　天是父母你是兒

早早明心不流浪　紅塵不是你故鄉

責任今了回天堂

今日足歡喜，我要感謝在這幫忙，大家有緣，做不同的代誌，隨人隨緣。最重要的是，哪一條路是你要走的路？這麼多業力，這麼多的苦，要怎麼有那個力量來面對啊！每一個人都可以做佛，因為你本來就是佛子，既然是佛子，你的神通跑去哪？你的神通就是你的心可以了解，把因果業力打通，你就有神通。你自己就有很大很大的力量助別人，助別人你自己就越來越好，越來越通。我說到此，感謝大家，感謝大家。

【象德宮】

中華民國壹百壹拾壹年七月七日

溫府王爺曰：

大家好，大家好，歡迎歡迎，有失遠迎，我是本宮主神溫府王爺，感謝，今日真是福氣滿滿啊！可否先求三寶？感謝感謝，可否代其他神尊求三寶？感謝大家，大家辛苦了，我們有話快說好不好啊？

象山好地如泰山　德高自古皆如此
宮廟今日有大事　溫府福報今日至
府前府後天音傳　王爺佛心一點明
爺兵爺將共一心　救人明心謝天恩
人心快快轉佛心　心無罣礙是天堂

我言至此，再次感謝大家，希望有緣再相見。

【忠義宮】

中華民國壹百壹拾壹年七月七日

關聖帝君曰：

大家好大家好，我是本殿關聖帝君大家辛苦了，可否先求三寶？

感謝感謝，可否代堂上其他神尊求三寶？謝謝謝謝。

忠孝仁愛是佛心　義心義行講人聽
宮上天際祥雲現　關聖帝君領天命
聖人名冊留青史　帝君有幸共同行
君民本是一家親　謝天引我明心性
天恩我報助道行　恩恩怨怨就此清

好了，我言到此，再次感謝大家。

【英武山岩】

中華民國壹百壹拾壹年七月七日

林府王爺曰：

歡迎歡迎，歡迎大家光臨，我是英武山岩本殿主神林府王爺。今日萬分感動，何其有福能求理天天道，方才關聖帝君已來告知，諸位啊！你們真是功德無量，渡人難渡，渡神簡單多了啦！為什麼知道嗎？神尊當然都是善心，人或是有義氣，或是像觀音、媽祖如此的慈悲才能成為氣天神，我們看到這麼多大佛降臨，知道有大事要發生，但我們恐慌的是天降大道，一定是災劫並降，末法時期時運轉動速度之快，是諸位無法想像的呀！所以我們也會把握時機，我知道將來最大的責任，就是廣渡兩岸三地的佛子們，我可否先求三寶？可否代堂上其他仙佛求三寶？感謝感謝。

英雄才盡隨師轉　武功蓋世功德積
山中一點玄關門　岩中也有聖賢跡

林中世界看不清　府中王爺說你聽
王心民心皆佛心　爺行有道才最真
等賢之輩如你我　候你多時終見心
多行多義真英雄　時候到了天堂行

我講完了，感謝大家，我們等諸位很久啦！不管是馬祖、金門、澎湖、台灣大家皆是有福之人，但來到人世界，不要忘了我們該做的事，該了的願，期待再相會。

【恩主公廟】

中華民國壹百壹拾壹年七月七日

恩主公曰：

大家好，大家好啊！歡迎來到此地，我是本殿恩主公可否先求三寶？我直接代本殿其他眾神佛一起求啊！感謝感謝再感謝。

恩情似海如何報　主公何德又何能
公正有義有今日　接天領命天團行
天本原鄉回不去　命有定數路怎行
傳說觀音有淨土　天上星星引你明
道路大開腳步堅　我心有道有大力
福慧雙修是福氣　氣炁引你天堂行

我言至此，再次感謝大家，非常感謝，非常感謝呀！

【海印寺】

中華民國壹百壹拾壹年七月十一日

南海觀音曰：

大家好！吾乃海印寺南海觀音是也，大家好一路辛苦了。

海天一色是我心　印心天應明天意
寺前花美似原鄉　南海觀音看世情
海上浮沉幾世過　觀音點你一指明
音傳你心有感應　天人相應了願行
道心佛心是本心　普渡眾生是願力
傳天旨意救人心　五教歸一同根源
教化人心用道心　同是一家人人親
源（原）鄉呼喚我心聽

大家好，歡迎光臨海印寺，方才已批一篇聖訓，就不多言。感謝大家辛苦把大道傳，大家在做的事是理天大事，主要任務當然現階段是渡回理天佛子。

隨緣渡化隨緣喜　末法時期天道傳
慈悲上天遣天團　有緣佛子道理聽
上天安排真辛苦　因為人心私心用
天團辛苦把道傳　有緣人兒看在心
祖師道理一點明　教育佛子才明心

我言至此，再次感謝大家，我們再相會。

【慈德宮】

中華民國壹百壹拾貳年一月二十九日

大王爺曰：

大家好，大家好，跟大家拜個晚年，祝大家心想事成，正氣滿滿，我要求三寶，感謝感謝。

慈悲為懷是觀音　德心善心媽祖情
宮廟佑民關爺氣　大佛小佛一家親
王爺有道今日明　爺心感動知天意
三曹普渡我有份　天命接了賜我力
天人共辦有意義　兄弟姐妹分各地
天上人間分頭去　要把佛子渡明心
其實道理簡單說　理天佛子一點明
一般世人苦心聽　知苦惜福有道心
機緣到時心自明

我言至此，再次感謝大家。

【萬興宮】

中華民國壹百壹拾貳年一月二十七日

曾府王爺曰：

歡迎歡迎！歡迎貴客光臨，我恭候多時，我是本宮主神曾府王爺。真的是太有福氣了，非常榮幸，在胡璉將軍之後，海印寺之後就來到本宮，我覺得不知道這一份恩情，何時能報。可否先求三寶？感謝感謝！

萬眾一心回原鄉　興起吟詩憶當時
宮前往事映心頭　曾氏子孫紅塵渡
府上祖先排排坐　王爺齊渡子孫聚
爺爺奶奶引家人　理天大道來共行
天上家園待我歸　三曹普渡責任艱
天來助人人助天　福氣至高何處比
炁氣滿心天堂境　滿滿正氣渡人心

我言至此，再此感謝大家，再次希望能夠早日見到我們的聖訓，感謝感謝。

【代天府】

中華民國壹百壹拾壹年七月八日

池府王爺曰：

大家好，大家好啊！我是本殿池府王爺，非常歡迎大家，我們今日小廟貴客光臨，我知道這件事是上天早安排，諸位這幾天來到金門，是來渡我們這些氣天神回理天，我們何期有幸，可否先求三寶？

感謝感謝，關聖帝君說，我已代求其他神尊的三寶，再交給他們。

天降甘霖慰人心　　代天宣化大道行
溫暖陽光照大地　　府前府後殷期盼
池府王爺喜在心　　朱砂點你一指明
王心今日見佛心　　府上有德道脈傳
共心共力把道傳　　爺走大道腳步穩
天降大任莫等視　　辦事齊力是第一
道脈延續永不斷　　事事用心事事成

金門神話

自古皆是聖賢行　末法時期道快傳

幾人能懂幾人救　緣淺緣深看福氣

我言至此，非常感謝大家，我們各府的王爺，心裡真感激真歡喜。

【孚濟廟】

中華民國壹百壹拾壹年七月八日

廣澤尊王曰：

不好意思，不好意思啊！歡迎光臨，歡迎光臨，我是孚濟廟廣澤尊王，今日太高興，太高興！等候多時，關老爺交待講慢一點啊！可否先求三寶？感謝感謝，我已代堂上其他眾神佛求三寶。

孚濟廣澤尊王喜　濟世救人有福報
廣傳事由享盛名　澤水解渴苦人心
尊天敬地是道心　王中十字一點明
接引佛子大道行　天上原鄉回得去
命運雖然各不同　祖先牽引天事辦
脈脈相傳續先人　傳承天道責任扛

方才關聖帝君告訴我，你們大家應該一起幫忙，就像一般宮廟一個幫忙聽，一個幫忙寫，你可以在旁邊重複神佛講的，也可以拿起來幫忙記啊！不然這個翹翹板，一邊倒怎麼對啊！我看了也怪怪的。任何事都要學習有做才有開始，告訴大家一個祕密，你做你背後那尊才會幫你，你才會發現你有神通啊！你沒做你永遠不知道啊！關老爺請我說的呀！好，我言到此。再次感謝，我真心希望，期待再相會。

【鷹龍廟】

中華民國壹百壹拾壹年七月八日

朱府王爺曰：

大家好，大家好！歡迎光臨我們鷹龍廟，我是本殿主神朱府王爺，可否先求三寶？我也代堂上眾神佛一起求。

鷹飛天高無處覓　龍困淺灘何處去
廟獻祥瑞引我心　朱府王爺待多時
府上眾神論紛紛　王子頭上有大廟
爺心只差一點明　三天六界我奔走
天上人間天事辦　六道輪迴非我去
界界都是我故鄉　打動人心用真理
幫天幫地幫自己　助人明白道何物
道在心中才有力

不要說你們有神助啊！我都有神助啊！接了三寶，好像很多事都明明白白。感謝再感謝！

【順境宮】

中華民國壹百壹拾壹年七月八日

保生大帝曰：

大家好，大家好！歡迎光臨本殿，我恭候多時，可否先求三寶？

感謝感謝啊！

溪中倒影見本心
順天應命時候到
宮前宮後忙準備
生生世世待何物
帝王之道降平民
道為何物回想起
天佑天團事事清
心有感應天有應

邊邊角角修圓去
境中祥瑞眼前現
保佑一切順利行
大道今日點我明
天恩急救苦人心
行道說道用道心
堂中本靈合為一

請諸位好好思考一下，此篇訓文是為大家寫的呀！再次感謝大家，希望再相會啊！

【福德宮】

中華民國壹百壹拾壹年七月八日

福德正神曰：

歡迎天團，不知為何天變好藍，草變好綠啊！真是好時機，歡迎大家，感謝大家，我們小廟真的福氣滿滿，我可否先求三寶？感謝感謝。

福氣滿滿見天堂　德高道深是天團
正心正義慈悲情　神通廣大渡十方
接續天命我有責　天道共傳渡人心
命裡早有巧安排　心裡罣礙通通去
歡喜責任肩扛起　喜待時到歸鄉去

好，我言到此，辛苦大家了，感謝感謝。

【關聖帝廟】

中華民國壹百壹拾壹年七月八日

關聖帝君曰：

歡迎歡迎，歡迎天團大駕光臨，我是本殿關聖帝君，可否先求三寶？感謝感謝。

下湖帝君等多時　湖心盪漾似我心
關聖帝君正氣滿　聖人之道我今明
帝君今日接天命　廟前大佛喜眉梢
關關能過我福氣　聖人留名我有份
夫子之言我領命　子孫代代傳道去
順心順情順天意　天上人間共一心
應天知命我願力　命裡有數早定明

我言到此，感謝大家，辛苦了！

【欽月殿】

中華民國壹百壹拾壹年七月八日

池府王爺曰：

大家好，大家好！我是本殿池府王爺，非常謝謝大家，不辭辛苦遠到而來，可否先求三寶？感謝感謝，其他眾神佛已代求三寶。

復國墩境有喜事　國境之美現祥瑞
墩上白衣大士座　欽差天團來報喜
月兒天上高高掛　殿中池水映我心
池府王爺與眾神　府前喜接天道命
王爺誓願把道傳　爺兒眾神齊相應
與天共辦接天命　眾神明心大力顯
神蹟服民用智慧　傳天法旨救人心
法船在岸等你上　宏道責任等你扛
道入你心現天堂

我言至此，再次感謝大家，期待再相會啊！

【法奶宮】

中華民國壹百壹拾壹年七月八日

陳靖姑曰：

歡迎大家，大駕光臨，我們法奶宮真是好福氣呀！好藍的天，好美的神尊，好善良的人們啊！這個時代就是有這樣的滿滿正能量，來撫慰人心啊！我可否先求三寶？感謝感謝感謝。

法船笛聲催我心　奶奶爺爺攜眾人
宮中神佛齊相聚　臨岸待上法船渡
水波盪漾似我心　夫人善心天終見
人心真苦待點化　陳情上天降甘霖
靖姑今日領天命　姑率眾神救人心
報答天上老中恩　天上人間共渡情
恩情滿滿我來報　細細思量路怎走
眾神商量先學習　將來渡人才有力

謙卑我心姐妹情

我言至此，再次感謝大家，期待再相會。（問：宮名為何取法奶宮，有無特殊涵意。）

宮裡非我定奪之　後人商議定法奶
眾仙眾佛慈善相　好似祖奶愛後世
法力無邊護佑民　法奶定之眾讚好

還有別的問題嗎？我先退呀！（問：為何只有主神領三寶，其他眾神不用），現在凡是天團臨廟，由主神領三寶，其他因為觀音佛母、中天玉帝皆令同領三寶。

【保安廟】

中華民國壹百壹拾壹年七月八日

廣澤尊王曰：

大家好，大家好！歡迎來到保安廟，辛苦了！我是本殿廣澤尊王，我們金門各個宮廟，都在猜測誰先求得明盤四盤三寶？我可否先求三寶？感謝感謝。

后土皇天我鄉園　壠境福氣佛光照
保你回天脫生死　安你人心轉佛心
廟裡眾神齊討論　廣澤尊王率眾神
澤被鄉民用道心　尊從中意道脈傳
王字有日才會旺　日起日落我打拼
好人好事齊相聚　有災有難我不懼
末法時期心要定　道心堅固若磐石
生死有命早安排　先天後天佛心用

我言至此，再次感謝，大家辛苦了！

【青秀山宮】

中華民國壹百壹拾壹年七月八日

普庵祖師曰：

大家好！我是本殿普庵祖師，非常感謝大家，大駕光臨，我們有幸等候天團賜三寶，煩請感謝感謝。

青山綠水憶故鄉　秀才人間渡人心
山裡有神無處尋　宮中玄關久候時
普渡眾生我責任　庵中下願護鄉民
祖師教導天道意　師訓我遵大道行
理天無憂又無慮　天上母親喚兒心
原來本是一身輕　鄉音聲聲催我心
待兒回去見母親　我心願力報申情
回頭是岸有福氣

我言至此，再次感謝大家。

【碧湖殿】

中華民國壹百壹拾壹年七月八日

金府王爺曰：

大家好，大家好！歡迎來到碧湖殿，大家辛苦了，我可否先求三寶？感恩感恩。

碧水藍天我心靜　湖水清清自在游
殿上金線通理天　金府王爺天道行
府上眾神福共享　王府瞬變天堂園
爺孫代代把道傳　道心無形堅若鋼
心明天意我接命　堅石也是貴如金
把握時機天事辦　道路共行樂無比
傳遞天道心歡喜

我言至此，再次感謝大家。

【仙鶴寺】

中華民國壹百壹拾壹年七月八日

玉女七姐妹曰：

歡迎大家，歡迎大家！大家辛苦了，我們快點把大事辦完，好讓你們休息呀！我是本殿七姊妹主神，可否先求三寶？感謝感謝。

仙境今日眼前現　鶴上觀音講我聽
寺中姐妹接天命　玉石磨亮金線引
女中豪傑慈悲心　七位姐妹力斷金
姐姐在前開大路　妹妹跟隨腳步堅
接上理天大道傳　天命本我願力行
命運我造大神力

我言至此，再次感謝大家，今晚好好休息啊！

【伍德宮】

中華民國壹百壹拾壹年七月九日

蘇府王爺曰：

大家好，大家好啊！歡迎光臨本殿伍德宮，來金門好幾天辛苦了，諸位在人間做的是一般人看不清，但是不管是在氣天、理天，是大大的一樁大事，看不見卻是最重要，因為他影響的是人的內心深處，心所想行在外，所以大家要培養的其實是你的心，心的健康比身的健康還重要，不是要你不養生，只是要你知道心快樂比身體還重要啊！心快樂身體就好了，我是本殿蘇府王爺，可否先求明盤四盤三寶？並代眾神尊一起求三寶，感謝感謝。

林木高聳透金光　兜圈幾世在心田
伍府王爺有緣聚　德慧並濟有今日
蘇氏一門聖賢多　邱家子孫有福報
梁氏先祖庇後世　秦氏代代功德立

蔡氏子孫一條心
府上子孫滿滿是
爺們立願把道傳
天下蒼生待救心
傳承道脈不間斷
道路大開理天鄉

我言至此，非常感謝。

伍府先祖感天恩
王子公主多賢人
接下天命責任重
命運上天巧安排
天上人間共辦起

【忠義廟】

中華民國壹百壹拾壹年七月九日

關聖帝君曰：

歡迎歡迎，我們天團造訪本殿忠義廟，大家辛苦了，天氣很熱再加上忠義廟正氣滿滿啊！大家都是熱血之士，我可否先求三寶？感謝感謝。

金山銀山非你山　湖水清清才是真
瓊林深處大佛坐　林中長住自性佛
忠心自信待你明　義氣風發明道真
廟裡大佛開門現　引你認道走大路
領導自身先做起　明道行道揚道心
心中明白非可言　見山非山才真山
性命何物悟道明　關關人生關關過
聖賢幾世聖賢做　帝心明心接佛心

君王臣子有道真　謝天謝地護我心
天恩我報講人聽　恩報我來傳道去

我言至此，再次感謝大家，大家辛苦，期待再相會。

【保護廟】

中華民國壹百壹拾壹年七月九日

保生大帝曰：

大家好，大家好，大家好，大家好厲害啊！

天事難辦你來辦　事事門開心自在
天降大道天團傳　團結一心飛沖天
辦完天事喝茶去　功在人間留青史
德慧上天記你明　立願了願回鄉去

我是本殿保生大帝，非常感謝，大家辛苦了。

瓊林山下隱不見　林中一點明你心
保生大帝候多時　護身護心護道盤
廟裡神尊四方來　保佑鄉民平安過
生生息息日日過　大道終於今日傳
帝心今日理天登　遊走三界暢無比

走入人間天堂園　三生三世福報顯
界內界外皆我界　把握分秒傳道心
道心何心你可知　傳你原鄉佛子心

好了，我言到此，再次感謝大家期待再相會。對了，我還未求道，感謝感謝，我們下次再見。

【孚濟廟】

中華民國壹百壹拾壹年七月九日

恩主公曰：

大家好，大家好！我是本殿恩主公，我先求三寶，感謝感謝。

瓊林深深不見心　林深路迷世世過
孚濟宮中有福報　濟世助人責任擔
宮中天團來送寶　恩大我報把道傳
主宰淨土有觀音　公正道義淨土行
眾神眾佛學道理　著書有道有神力
理天佛子降人間　快快接上你本靈
智慧大開神助你　神力能夠催人行
讓你佛心現道心

好，我言至此，再次感謝大家，我們下次再會。

【珩山宮】

中華民國壹百壹拾壹年七月九日

田都元帥曰：

大家好，大家好！我是本殿珩山宮田都元帥，大家辛苦了，我可否先求三寶？感謝感謝。

珩山宮主行王道　山下點你心頭明
宮中久坐終見天　田都元帥有福氣
都是姐妹兄弟情　元神回鄉一切明
帥氣遊走三界天　道理說給眾神聽
心中快樂似天堂　堅定腳步救佛心
傳道本是人人責　人心明道轉佛心
聽完道理傳出去

好，我言至此，再次感謝大家，我們下次再會。

【鏡山岩】

中華民國壹百壹拾壹年七月九日

清水祖師曰：

大家好，大家好！，大家辛苦了，剛才說這第六間廟了，我是本殿鏡山岩清水祖師，可否先求三寶？感謝感謝。

鏡裡鏡外誰是真　山下一點見你真
岩上觀音說你明　清水祖師有道深
水中明月映我心　祖師理天下凡塵
師訓我聽我明心　順天應命天道傳
天上母親待兒歸　應該早日走你路
命裡有數莫心慌　把握良機接三寶
道心還你佛心現　傳承祖脈我有份

我言至此啊！再次感謝大家，大家辛苦了。

【萬士宮】

中華民國壹百壹拾壹年七月九日

萬士爺曰：

大家好，非常感謝，雖然本殿沒有供奉神尊，但是皆是蔡氏善良人士，我不知大家來至何方，只知道很多神尊護佑大家，觀世音菩薩告訴我們，要傳三寶給我們，我僅代表本宮所有仙人接三寶，感謝再感謝，我們就不打擾諸位了。

觀世音佛母曰：

大家好久不見啊！甚為思念，唉！看大家這麼辛苦，真是感動啊！想說的話很多。

天團佛子慈悲心　有緣世間渡人情
跳脫因果有神力　事事有路事事明
只要佛心慈悲用　金剛護體三界走

莫要恐慌隨緣渡　　人人皆是兄妹情
眾仙眾佛護你行　　團結一心責任了
先天後天兩清明

好了，我言至此，大家休息一下，辛苦了。

【妙香寺】

中華民國壹百壹拾壹年七月九日

蘇王爺曰：

大家好，不好意思，有失遠迎，讓大家在這等候。我是本殿妙香寺蘇王爺，我可否先求三寶？感謝感謝。

金湖處處現祥瑞　湖水清清映藍天
妙裡乾坤誰知曉　香煙嬝嬝渡人心
寺廟有道責任重　蘇府王爺接天命
王爺眾神感天恩　爺兒眾神齊努力
及（即）時行道說人聽　眾仙眾佛智慧顯
神蹟不是處處有　尊天使命才是真
齊心齊力有神蹟　努力十人有百力
力大無窮報天恩

我言至此，希望下次疫情退散，大家再次光臨。

【保蓮殿】

中華民國壹百壹拾壹年七月九日

林府王爺曰：

大家好，大家好！歡迎光臨本殿，我們的殿美不美啊！美，謝謝，真的是蓮華生輝，非常幸運這個時候有天團幫我們加持，真是感謝天恩，我要先求三寶，感謝感謝。

西邊日落東邊起　村前村後論紛紛
保蓮殿裡眾神佛　蓮花臺上見觀音
殿堂眾神接天命　林府王爺心歡喜
府內眾神登理天　王心轉變大佛心
爺兒率眾勤學習　接下重任要努力
天人合一天事辦　道理直指佛子心
救人救心明心性　人心才能見天堂
心靈不再苦海遊

我言至此，再次感謝大家，下次來，我們就香火鼎盛了。

【孚濟宮】

中華民國壹百壹拾壹年七月九日

聖侯恩主公曰：

大家好！我是本殿聖侯恩主公，大家辛苦了，我可否先求三寶？

感謝感謝。

峰上孚濟宮有福　上天降下理天道
孚感天恩眾神報　濟世濟心用真道
宮裡眾神心歡喜　聖名青史我有份
侯爺打幫來助道　恩報老中齊努力
主人要能明心性　公私有道用良心
天團成員有感應　道心良心展神蹟
行遍十方傳天音

好了，我言至此，再次感謝，大家辛苦了。

【萬興公廟】

中華民國壹百壹拾壹年七月九日

土地公曰：

大家好，大家好！真委屈大家了，我們小廟久無人整理，天團沒有把我們遺漏，真是感恩哪！我是土地公啊！可否先求三寶？感謝感謝。

萬蟬齊鳴徹雲霄　**興**家立業用大道
公婆護民佑鄉里　**土**生土長在這裡
地上菩提樹一顆　**公**坐樹下悟道心
心中有道有大愛　**性**命雙修我福氣
明盤我入佛子心

好了，我言至此，再次感謝大家。

【護國寺】

中華民國壹百壹拾貳年二月二日

阿彌陀佛曰：

大家好，大家好，我是護國寺阿彌陀佛，大家辛苦了，我先代表本寺眾神佛接三寶，感謝感謝。

護鄉佑民我責任　國家我家人人家
寺門開啓見理天　阿彌陀佛遊三天
彌陀家園何處歸　陀佛等待時機至
佛心有道有歸路　大同世界在眼前
觀音弟子慈悲心　苦人苦心來相救
天上人間共相助　主人明心還道心

我言至此，再次感謝大家。

【金門天主堂】

中華民國壹百壹拾貳年二月二日

羅寶田神父曰：

大家好，大家平安，我是本天主堂羅神父。剛才珍珍問我是否要接理天三寶，其實我已可以遊走三天，所以接或不接都可以，如果要送我三寶也可以，感謝感謝感謝。

天門開啓十字間　**主**人十字點心田
堂內本是天堂園　**羅**寶田神父喜接
寶物自本非外求　**田**字自有神中坐
神心母愛世人渡　**父**愛母恩引道明
來把大道傳你心　救渡苦世苦人心

我言至此，再次感謝大家。

金沙鎮

【東關廟】

中華民國壹百壹拾壹年七月九日

董王爺曰：

大家好，大家好！我是本殿董王爺，大家辛苦了，我們好事快辦，可否先求三寶？感謝感謝。

東方聖人救人心
廟裡眾神共努力
王心思量如何行
佛心救人明道理
道為何物不言明
救人明道煩惱離
心清心明大道行

關爺媽祖齊相助
董府王爺沾光喜
爺兒謙卑先學習
心頭一點頓悟行
心領神會我今悟
人心才能轉佛心

好了，我言至此，再次感謝大家。

【環江宮】

中華民國壹百壹拾壹年七月九日

棟鏡公曰：

大家好，大家佛安！我是環江宮主神棟鏡公，大家辛苦了，我先求三寶，感謝感謝。

環江宮裡神尊喜
宮中上坐幾多年
鏡中今日見本心
理天大道還道心
原來人生短短行
終日人間茫茫過
去去來來脫生死

江水潺潺觸我心
棟樑也有化灰時
公心歡喜喜眉梢
天上原鄉終回去
鄉思故人回不去
回鄉終於憶當時

好了，我言至此，辛苦大家了，感謝。

【會山寺】

中華民國壹百壹拾壹年七月十日

普庵祖師曰：

大家早，大家早安！歡迎光臨會山寺。我是本殿主神普庵祖師，還好大家路過沒有錯過，我可否先求三寶？感謝感謝。

陽翟會山會天團　翟音捎來天堂音
會山寺裡眾神樂　山根點你通理天
寺小有道閃金光　普庵祖師恩難報
庵裡眾神接天命　普渡救人要救心
渡人難渡放不下　世人因果難交待
間間斷斷輪迴去　佛子不明難回天
子孫因緣接天道　齊心齊力講人聽
努力重在一條心　力量自會大無比

我言至此，再次感謝大家。

#【聚源廟】

中華民國壹百壹拾壹年七月十日

關聖帝君曰：

大家好啊！歡迎大家，不辭辛苦遠道而來，我今日見到了好兄弟、好多的關爺、還有好姐妹、好多的媽祖，感謝天團，我可否先求三寶？感謝感謝。

金沙鎮上有好事　沙小一粒看世情
聚會有時看機緣　源（緣）份可比非一般
廟堂兄弟結義情　關聖帝君領頭先
聖心佛心天道用　帝君也有觀音心
君臣子民是一家　與天共辦明天意
眾多佛子須明道　神心人心才合一
佛子努力學道明　救人必先救自己
人心煩惱多牽掛　心要智慧來引導

傳道不可用人心　天人共辦唯道心
道心清楚一切明

好了，我言至此，再次感謝大家。

【汶源宮】

中華民國壹百壹拾壹年七月十日

田都元帥曰：

大家好，大家好！我是本殿汶源宮田都元帥，感謝大家，不辭辛苦來辦大事啊！我想先求三寶，感謝感謝感謝。

汶源宮裡眾神尊　源自理天待回鄉
宮中金線牽引你　田中十字一點明
都是原鄉一家親　元氣滿滿有神力
帥氣英姿辦事強　接天旨令把道傳
天上老𡥼諄諄教　道心快顯才有力
渡化人間苦人心　人心不古隨緣渡
心性明白心相應

好了，我言至此，再次感謝大家，大家加油啊！

【汶德宮】

中華民國壹百壹拾壹年七月十日

土地公曰：

大家好啊！歡迎光臨我們小廟，我是本殿土地公，可否先求三寶？感謝感謝感謝。

汶德宮裡好福氣　德行上天有記載
宮中今日天道得　福氣之高高如天
德心德義是正神　正心誠意是佛心
神心今日轉佛心　明白天道為何意
天道本是我自有　道心只是隱不見
行功立德用我心　道心助我傳人聽
用心行道走大路　道路大開心有應
心想事成我心喜

好了，我言至此，再次感謝大家。

【慈德宮】

中華民國壹百壹拾壹年七月十日

黃府王爺曰：

大家好！歡迎大駕光臨，我是慈德宮黃府王爺，可否先求三寶？

感謝感謝。

慈悲觀音渡人心　德心明見遣天團
宮上神佛福氣滿　黃府王爺代謝恩
府上有德有今日　王心神心一貫之
爺心今日佛心用　順天應命把道傳
天時緊迫要努力　應我心田我明心
命運安排有緣人　大道天團送三寶
道路雖險我心定　行道講道我最行

好，我言至此，再次感謝大家。

【汶鳳殿】

中華民國壹百壹拾壹年七月十日

田都元帥曰：

大家好，大家好！大家辛苦了，天氣好熱啊！可否先求三寶？感謝感謝。。

汶鳳殿上祥雲現　鳳凰捎來喜臨門
殿上神尊候多時　田心修行終有道
都是理天佛子來　元帥氣天上理天
帥心正氣比關爺　正氣轉為大佛心
氣宇非凡講人聽　滿心滿意用道心
滿載而歸功德立　傳遞天意我最行
天上旨令我接起　意在明心又見性

好，我言至此，再次感謝大家。

【碧山宮】

中華民國壹百壹拾壹年七月十日

恩主公曰：

大家好，大家好！我是本殿恩主公，可否先求三寶？感謝大家感謝大家。

碧山藍天見天堂　山前水塘映月光
宮裡滿滿大佛聚　恩主公來大福氣
主角人人自己作　公正誠意良心用
與人為善說道明　天是父母我是兒
共是天上一親家　辦完天事齊相聚

好了，我言至此，再次感謝大家。

【棲堂廟】

中華民國壹百壹拾壹年七月十日

保生大帝曰：

大家好！我是本殿保生大帝，感謝大家，你們辛苦了，可否先求三寶？感謝感謝。送大家一個小禮份，一個一個來，好啊！都有了，（眾答：謝謝仙佛）不客氣啊！

棲堂廟裡保生帝　堂上久坐候多時
廟中神尊心歡喜　保佑鄉民終有報
生生不息有道心　大千世界看輕輕
帝心有道天命接　金線我接回理天
線上乾坤妙無窮　我用道心救人心
傳人天道知天命　大道本是你自有
道明你心才自用

好了，我言至此，再次感謝大家，希望再相會。

【土地公廟】

中華民國壹百壹拾壹年七月十日

土地公曰：

大家好，大家好！我是本地何斗里土地公，可否先求三寶？感謝感謝啊！

何方神聖來救人　斗漏千金灑人間
里上有喜走相傳　福德正神喜相迎
德心佛心我來用　正氣正義我本有
神愛世人我愛民　福報今朝就給你
氣天小神回理天　滿室福氣我感恩
滿滿道心滿滿渡　有緣之人來領寶
道心點明有天道　心性清明傳道去

我言至此，再次感謝各位。

【玄佑宮】

中華民國壹百壹拾壹年七月十日

關聖帝君曰：

好聽明啊！我是本殿玄佑宮關聖帝君，先求三寶，感謝感謝。

玄關一指通理天　佑鄉佑民終有報
宮中大事定定辦　關爺眾神智慧行
聖人自古多寂寞　帝心明白不著急
君君臣臣皆佛子　接了理天大道行
天上人間共渡化　命中有緣人自來
傳天旨意共努力　天人共辦是天意
道心堅強如石硬

好了，我言至此，非常感謝大家，期待等我們的大廟完成，有緣再相會。

【靖海堂】

中華民國壹百壹拾壹年七月十日

保生大帝曰：

歡迎歡迎！歡迎大家大駕光臨，大家辛苦了，我是本殿保生大帝，我可否先求三寶？感謝感謝啊！

靖海堂內眾神佛　海上法船渡人心
堂中有道有神力　寶物接了展神蹟
靈山靈廟真有靈　殿上保生大帝坐
保你身體無病痛　生命因果定數解
大帝道心佛心滿　帝君神醫傳千里
醫治人身難醫心　人心來用天道醫
心開明性明道理　傳你天道生死盡
天上原鄉待你歸　道明金線牽你回

我言至此，再次感謝大家，我們期待再相會。

【聚福堂】

中華民國壹百壹拾壹年七月十日

水府娘娘曰：

大家好！歡迎來到聚福堂，我是堂上水府娘娘，可否先求三寶？

感謝感謝。

聚精會神用心聽　福慧雙修大福氣
堂前自性一點明　水府娘娘接天命
府上眾神共慧命　娘娘下願救人心
娘在天上兒在地　明白天道何意義
心裡思念老中情　見心明性一切明
性命我造從今天　天上母親等我回
道傳世人脫苦海　行道用心大道行

我言至此，非常感謝，大家大家辛苦了。

【保安殿】

中華民國壹百壹拾壹年七月十日

保生大帝曰：

大家好，大家好！我是本殿保生大帝，感謝大家，不辭辛苦，我可否先求三寶？感謝感謝。

何厝保生大帝喜　厝東厝西現祥雲
保生大帝齊討論　安心佑民用道心
殿上神尊共享福　保生大帝引你明
生生世世把道傳　大道濟世我最行
帝心佑民用愛心　慈悲濟世展神蹟
悲天憫人似觀音　濟世救人用佛心
世人感恩齊努力　救人佛心勝一命
人心明白脫生死　心裡有道事事清

好，我言至此，非常感謝大家。

【金榮殿】

中華民國壹百壹拾壹年七月十日

玄天上帝曰：

大家好啊！辛苦了，辛苦了，我是本殿玄天上帝，感謝各位，可否先求三寶？感謝感謝。

金光閃閃天團降　榮（容）光煥發大佛像
殿上神尊殷期盼　玄天上帝領天命
天上老中責任降　上天下海我奔走
帝領眾神共助道　接到三寶法力強
天上人間共渡化　道法自然我最強
救人救心事情辦　人心點化用智慧
心裡有願上天助　赴湯蹈火責任扛
天上老中我恩報　命運我造現天堂

我言至此，再次感謝大家，希望有緣再相會。

【金德宮】

中華民國壹百壹拾壹年七月十一日

蘇府王爺曰：

大家早安，早安！我是本殿蘇府王爺，我們好福氣，今日第一趟來到本殿，讓我們金光閃閃，我可否先求三寶？感謝感謝。

金線有緣歡喜牽　德行福氣有今日
宮內宮外皆天堂　蘇府王爺道本然
王心智慧天道展　爺尊神尊把道傳
得道明道要行道　風風雨雨感天恩
眼界大開通三天　走道勝過千言語
心裡快活有神力　能量正氣內外顯
人人把你當觀音　天上神佛無煩憂
事事向前快步走　天團佛子智慧用
打造歷史千古傳

好了，我言至此，再次感謝大家。

【澤峰宮】

中華民國壹百壹拾壹年七月十一日

太子爺曰：

大家好！我是太子爺，沒關係我不要吃糖，我要三寶，好高興，好高興，好高興，謝謝。

澤峰宮上有喜事　峰前喜迎天團臨
宮裡神尊笑哈哈　太子爺心樂無比
子子孫孫代代傳　爺尊有道有神通
三界天鄉我隨走　心無罣礙真快活
原來天道有神力　因果放下一身輕
天團大佛真辛苦　我定努力不辜負

我做到了，謝謝，我們一定會再見面喔。

【朝山寺】

中華民國壹百壹拾壹年七月十一日

廣澤尊王曰：

大家好，大家好！我是本殿廣澤尊王，辛苦大家了，可否先求三寶？感謝感謝感謝。

朝天問天我是誰　山根一指點你明
寺中大佛玄關坐　廣渡鄉民有神力
澤水養心今得道　尊天聖訓責任扛
王字心田中有道　點你明白人生意
下凡人間為那樁　因果人人各自了
天事何力才有力　走道行道因果了
煩惱通通兩邊拋　各司其職一條心
掌舵方向拿捏穩　驚濤駭浪皆不怕
因為上天顧你行　步步腳印步步留

承先啓後天道行

好了，我言至此，再次感謝大家。

【拱峰宮】

中華民國壹百壹拾壹年七月十一日

保生大帝曰：

大家好，大家好！歡迎來到拱峰宮，我是本殿主神保生大帝，可否先求三寶？感謝感謝

拱峰宮上神尊喜　峰頂觀音點我明
宮裡神尊得道興　保你三界行無礙
生死大事瞬間了　大帝有力救人心
帝心慈悲苦人救　行醫助道兩相全
人心幾世隨緣渡　身體病痛皆因果
人身也是因果緣　神醫救你有形身
天道醫你輪迴苦　人人也有好醫術
明道用道了你願　平心靜氣是佛心
事事正念事事輕

我言至此，再次感謝大家。

【普濟寺】

中華民國壹百壹拾壹年七月十一日

金府王爺曰：

大家好，大家好！我是本殿金府王爺，感謝大家，辛苦了，可否先求三寶？感謝感謝。

后宅今日天堂現　宅前佛尊滿滿是
普濟宮上神尊喜　濟世代代今得寶
寺裡香煙永不斷　金府王爺神力強
府上眾神登理天　王爺今日原鄉見
爺心感動在心田　憶起原鄉共樂時
無憂無慮自在遊　想要何物有何物
想去何方瞬間到　原來原鄉是天堂
凡間故鄉因果緣　快快了願因果盡
原鄉不遠待你歸

我言至此，再次感謝大家。

【泰山廟】

中華民國壹百壹拾壹年七月七日

泰山大帝曰：

大家好，大家好啊！我是本殿主神泰山大帝，感謝光臨，我們恭候已久，可否先求三寶？感謝感謝，我要代其他神尊求三寶，感謝感謝，我代堂上其他眾神尊，感謝上天慈悲賜福，我先感謝主委您人世間的一切要有人來處理，天人如何共辦？辦什麼事？當然最重要辦的事是天事，就是讓大家脫生死的大事。

東西南北走幾回　嶽中何處是我鄉
泰山腳下細思量　山上極星聽我心
廟中牽引天團臨　泰山本有自性佛
山中苦候你明心　大山小山皆有神
帝王之道本自有　救你自性佛明心
人人皆是泰山帝　心中有愛有神力

我心明白今日起　領導眾神勤學習
命運我造回天去

我言至此，再次感謝大家，希望早日看到我們的聖訓，以造福更多的佛子，謝謝謝謝。

【鶯山廟】

中華民國壹百壹拾壹年七月十一日

舍人公曰：

大家好，大家好！我是本殿舍人公，大家辛苦了，我可否先求三寶？感恩感恩感恩。

鶯兒樹上捎天音　山風徐徐吹不停
廟堂今日天堂現　舍人宮來接天命
人心不古不明道　公平正義兩頭拋
救人首要明天道　人心明心又見性
心中有道才有義　傳人三寶開你門
天鄉大路引你行　道路不同隨緣走
回鄉之願人人有　鄉音是我天堂音
去你罣礙大道行

我言至此，再次感謝大家，我們這裡是好地方，希望有緣再見。

【奎山宮】

中華民國壹百壹拾壹年七月十一日

保生大帝曰：

大家好，大家好！諸位辛苦了，我是本殿保生大帝，可否先求三寶？感謝感謝感謝。

奎山宮前天青青　山青水綠似我心
宮庭玄關大佛坐　保鄉佑民天天過
生命如煙瞬間盡　大帝今日三寶得
帝心直奔理天鄉　接中旨令佛子救
本是原鄉一家親　道心是我心靈糧
傳遞母愛人人責　天道天人天命接
道本我心大路行

我言至此，再次感謝大家。

【營源廟】

中華民國壹百壹拾壹年七月十一日

三忠王曰：

大家好，大家好！我是本殿三忠王，可否先求三寶？感謝感謝。

營源廟裡香火盛　源源不斷香火傳
廟裡神尊佑鄉民　三忠王來展神蹟
忠義肝膽是本性　王心愛民上天意
接了三寶知天命　天下蒼生苦不停
命中緣來玄關點　大佛現前明心性
道心佛心兩相應　傳遞天道你我行
道心越磨越有力　理天佛子把道傳
人間力量顯神通　明盤本是天道降
越講越明越神通　天人共辦是天道
等待時機到了時　世人接道萬人渡

回鄉覆命兩袖清

我言至此，再次感謝大家。

【蓮法宮】

中華民國壹百壹拾壹年七月十一日

黑旗將軍曰：

大家好！我是本殿黑旗將軍，我們這裡武將眾多，僅代表堂上眾神尊感謝大家，可否先求三寶？感謝再感謝。

蓮花座上見觀音　法道救人明心性
宮廟有道有天堂　黑旗將軍理天登
旗插人間渡人心　將軍有道有正義
軍領中命把道傳　任務雖難勇敢行
重重難關關關過　道路我開隨緣渡
遠傳天音慰人心　勇士也有觀音心
往前大步走我路　直奔三界我神通
前方彩雲映我心

好了，不好意思，文學造詣不夠好，感謝感謝，再感謝。

【川德宮】

中華民國壹百壹拾壹年七月十二日

厲王爺曰：

大家好，大家好！我是本殿厲王爺，大家辛苦了，可否先求三寶？感謝感謝。

川流不息佛子渡　德教世人有道心
宮廷神尊接三寶　厲王爺心感天恩
王心愛民佛子渡　爺心救人明道先
明心見性何其難　走道行道漸光明
渡人其實渡自己　講與他人自己聽
說來說去頓悟時　望天應心傾刻間
淚流滿面向天訴　我終明白道何物
原來俗世罣礙多　皆是道心拋腦後
既然同是一家人　相親相愛護你心

任何煩惱起心時　快快放下煩惱去

我言至此，再次感謝大家。

【萬安堂】

中華民國壹百壹拾壹年七月十二日

保生大帝曰：

大家好！我是本殿保生大帝，非常歡迎大家一路辛苦了，可否先求三寶？感謝感謝

萬世留芳神醫名　安心佑身有神技
堂內香煙不間斷　保生大帝常佑民
生命短短瞬間過　大山小山不動山
帝心今日接天道　世事能變事事變
用你智慧渡人心　木頭人心轉佛心
眼看災劫紛紛降　急救世人傳天心
聖訓理天佛子渡　再來有緣渡世間
心有感應自會明　上天安排天人辦
辦道走道莫要急　渡得大仙世人隨

好了，我言至此，再次感謝大家。

護衛四祖老祖師曰：

早上一直叫我，當然要來跟大家結結緣。保生大帝是我的麻吉，大家好！我們志善、香香可惜之前沒有見到你們，大家辛苦了，我們這些子弟兵也辛苦了，來給大家加加油，加油要加什麼油呢？

上天安排有計劃　人要明心看機緣
理天佛子一點通　頑固人心要教育
道理很多眾人說　不及明心一點通
天道天團苦行渡　渡得自身佛心喜
四盤佛子接任務　盡心盡力天感應
上天自有巧安排　用你自然自然行

我講完了，我在世時不能一起走，現在都跟著你們走。清安哪！

剛才保生大帝聖訓有一些講給你聽的。

平心靜氣把事辦　世人才能用心聽

因為天上就如此　德欣固執善良心
莫要多想放你心　本來文化就不同
如何齊力能斷金　走道行道智慧用
不然這趟走白工　你走一趟更聰明

其實饒了別人就是饒了自己啊！對不對？當你這樣想，你就更昇華了，大佛怎麼會跟世人的心來計較呢？對不對呀！看人看優點，事事都好事，人人都好人，對不對呀！我說到這裡。（問：老祖師有沒事要交待），事情要做，身體要顧，才走的長遠。心中之事要去溝通，見面三分情，有溝才有通，跟我剛才講的一樣，大佛不會跟世俗的想法計較的呀！我很感動，珍珍不去計較，還好他佛心堅強，他的人心一起來他就會把他放了，他謙虛說他不會計較，其實心裡面還是有一點難過，但是他就厲害在這裡，因為他知道事情該怎麼做，有溝通其他就交給上天啊！是他在哭，不是老祖師在哭，老祖師看到你們很高興，這也叫天人合一呀！好了不要耽誤太久，有人還有事問嗎？任何事情，平心靜氣提出討論，在天上大家就是這樣啊！不會吵架，因為大家都知道方向在哪裡。大家辛苦了，幫我跟明貴鳳德說老祖師想念他，他還有大事要做喔！會講課的人不多喔！好，我會伴著大家的。

【三忠廟】

中華民國壹百壹拾壹年七月十二日

三忠王曰：

大家好，大家好！我是本殿三忠王，今天真是大好福氣，可否先求三寶？謝謝謝謝

內閣三忠王廟喜　閣鄉本是好土地
三忠王廟有神力　忠心忠義故鄉明
王爺眾神齊努力　廟裡乩身救人心
三言兩語事情辦　忠心來拜謝神恩
王爺今日接三寶　明白理天是何天
心裡有數我學習　見道明心本自然
性命雙修才福氣　三忠萬安齊努力
要把人心轉佛心　等待時機講人聽
天上老中生你靈　世世輪迴無生滅

本來世人快樂遊　只是人心漸不古
人間不再天堂現　才把世人渡回天
世人有緣隨緣渡　本靈牽引心相應
看你是用何心見　福到三寶接了去

好了，我言到此，再次感謝大家，期待再相會。

【大士宮】

中華民國壹百壹拾壹年七月十二日

大士爺曰：

大家好！我是大士宮大士爺，我要先接三寶，感謝感謝。

大士爺本虎爺靈　士爺佑民功德立
宮內宮外接神尊　大士爺來勤學習
士爺佛心漸漸顯　爺神接寶明心性
我與眾神勤努力　心中有道道自明
有心有力救人心　道法自然我心明
原來六道輪迴轉　鄉音明我轉道心
回天路開大步走　喜上心頭我福氣

我講到這裡，再次感謝大家。

【大興堂】

中華民國壹百壹拾壹年七月十二日

大興和尚曰：

大家好，感謝感謝！我是大興堂大興和尚，可以先接三寶？感謝感謝。

大大藍天是我心　興高采烈迎天團
堂內和尚接三寶　大心佛心我明心
興堂本有大佛坐　和尚修行幾多世
尚德尚義我本心　才得今日接天命
原來世世佛緣渡　末法時期萬法通
隨緣渡人講真理　有緣佛子一點明
天團努力走天下　責任扛起功德立
和尚天團共努力　要把佛子渡回去

好，我言到此，再次感謝大家。

【英巖廟】

中華民國壹百壹拾壹年七月十二日

恩主聖侯曰：

大家好啊！辛苦大家了，我是本殿恩主聖侯，可以先求三寶嗎？

感謝感謝。

英雄才氣是過去　巖山觀音點我明
廟堂大佛一點通　恩主聖侯理天回
主人主心明道理　聖人腳步我追尋
侯爺佛心隨人渡　要把佛子原鄉渡
雖不容易心堅定　才能報答上天恩
佛子苦在不知苦　理天清清明道心
人間打拼煩惱臨　回想理天無憂時
用你神力轉你心　事事正念事事輕

好了，我言至此，再次感謝大家。

【福德宮】

中華民國壹百壹拾壹年七月十二日

福德正神曰：

大家好，大家好！我是本殿福德正神，大家辛苦了，我可以先求三寶嗎？感謝感謝。

東方聖人傳天意　山下接寶一點明
前堂大佛今明心　鄉里兄弟姊妹情
福德宮裡有福氣　德行不高也成佛
宮前觀音來說明　福德正神心善良
德心德義智慧得　正心正意緣份牽
神尊回天大佛心　人人皆是天上來
因緣不同各十方　有緣天命來接應
快快渡人天時緊

我言到此，再次感謝大家。

【北嶽廟】

中華民國壹百壹拾壹年七月十二日

康濟明王曰：

大家好！我是本殿康濟明王，大家辛苦了，可否先求三寶？感恩感恩。

山頂日出照大地
北嶽大帝迎天團
廟裡眾神笑嘻嘻
濟世救人責任扛
王爺道心應天心
期待觀音來說明
如何說明點你明
天人共辦是時機
上天自會點心明

西方捎來天旨意
嶽廟今日大福氣
康濟明王三寶接
明心見性又一層
北嶽眾神齊討論
救人明心大道理
觀音佛母慈悲示
教育人心用真理
佛堂佛子殷期盼

回憶理天共聚時
再來說給別人聽
好了，我言至此。

充電滿滿正氣足

【明王殿】

中華民國壹百壹拾壹年七月十二日

朱府王爺曰：

不好意思啊！大家好，我是本殿朱府王爺，我僅代表本殿接三寶，感謝感謝。

山西明王殿眾神
明王殿內眾神喜
殿內眾神論紛紛
邢府李府皆兄弟
府上眾神福氣滿
天上中音我今聞
辦理天事我有份
事情用道智慧行

西方眾神來佈道
王爺搶接三寶心
朱府王爺代求寶
李家也是一家親
接上金線明道心
命運就此大不同
天下眾生待點明

我言至此，不好意思，剛才有點小紛爭，我先退。

【感應廟】

中華民國壹百壹拾壹年七月十二日

金府王爺曰：

大家好，大家好！非常歡迎，大家辛苦了，我是本殿金府王爺，可否求三寶？感謝再感謝，好感動啊！

感應眾神理天回　應心老中喚兒情
廟堂本我人間鄉　六姓王爺佑鄉民
姓誰本是各因緣　王爺一心把福造
爺心今日明道理　快快接寶承天命
理天還我佛子心　讓我明心又見性
三寶接了責任扛　好好學習道理明
眾神眾佛我跟隨　三界我渡功德立
再次感謝天團緣　期待下次再相會

我言至此，感恩感恩。

【昭靈宮】

中華民國壹百壹拾壹年七月十二日

田府元帥曰：

大家好！我是本殿田府元帥，大家辛苦了，我可否先求三寶？感謝感謝。

昭昭天光照我心　靈靈神蹟顯道明
宮中神尊有道心　田府元帥感天恩
府前藍天映大地　元帥請示把道傳
帥氣我心永往前　要把佛子渡回天
以報天恩恩似海　兄弟姐妹原鄉回
快快尋找有緣人　來把道理講你聽

好了，我言至此，非常感謝大家。

【聖寧宮】

中華民國壹百壹拾壹年七月十二日

關聖帝君曰：

大家好！我是本殿關聖帝君，大家辛苦了，可否先求三寶？感謝感謝。

青青草原好風光　嶼上藍天祥雲現
村前村後佛燈照　聖心來接天道心
寧心靜心三寶接　宮裡神尊福氣滿
關聖帝君喜相迎　聖人腳步留足跡
帝君隨行護天團　君心天心一條心
關聖帝君智慧用　來把天道傳出去
佛子心開見天堂　先天後天皆歡喜

好了，我言至此，再次感謝大家。

【金山道殿】

中華民國壹百壹拾壹年七月十二日

保生大帝曰：

大家好，大家好！我是本殿保生大帝，辛苦了，我先求三寶，感謝感謝。

金山道殿有道心　山上彩虹現祥瑞
道法自然展神蹟　殿內眾神更有力
保生大帝醫人心　生命可貴心唯用
大佛心田道心顯　帝心明道渡三天
保生大帝有神技　還有佛心現世人
世人有心天感應　你心相應就有靈
天上人間本一體　你用佛心渡世人
世人還你功德立

好了，我言至此，再次感謝諸位，辛苦了。

【北極殿】

中華民國壹百壹拾壹年七月十三日

玄天上帝曰：

歡迎歡迎，歡迎歡迎！我們天道天團來此送寶啊！感恩感恩。關聖帝君說，講慢一點，慢慢講啊！可否先求三寶？感謝感謝。

金光閃閃耀我心　沙鎮大事傳千里
北極星光引我路　極星道心兩相應
殿上眾神心歡喜　玄天上帝接寶樂
天上老申今日見　上求理天無上寶
帝君才知何方來　無極理天是原鄉
天道是我本道心　只知人間解苦心
原來救心才是真　追本溯源莫費時
知道來處方向定　我因極星見母親
佛子因我明道心　努力學習講道理

才能說給世人聽　　言行一致才真道
實做強過大道說
再次感謝大家，我先退。

【水源宮】

中華民國壹百壹拾壹年七月十三日

福德正神曰：

大家好，大家好！辛苦了，我是本殿福德正神，感謝感謝。

金銀財寶非我要　**沙**鎮也變黃金鄉
水流東方時機到　**源**頭是我理天鄉
宮上神尊坐看人　**福**氣本有不自知
德心德行是本性　**正**心正義是善心
神尊今日三寶接　印證我心來自天
明明白白了我心　原來輪迴幾世苦
今日明道了生死　我定努力勤學習
將來十方傳道去

好了，我言至此，再次感謝大家。

【聖義宮】

中華民國壹百壹拾壹年七月十三日

關聖帝君曰：

大家好，大家好！我是本殿關聖帝君，感謝我們天團不辭辛苦，真是感動啊！可否先求三寶？感謝感謝。

聖賢古人天命接　義心道情把人渡
宮中佛心接本靈　關聖帝君慈悲顯
聖世聖時日好過　帝君來救苦時人
君子明心現佛心　道理頓悟一切明
什麼神力大無比　煩惱時時放下去
因為凡心世人情　有神煩惱瞬間去
大好光陰莫蹉跎　把握時光學道理
道理越明越清心　神力越來越神奇

我言至此，再次感謝大家。

【樓山寺】

中華民國壹百壹拾壹年七月十三日

恩主聖侯曰：

大家好，大家好！我是本殿恩主聖侯，非常感謝大家，你們辛苦了，可否先求三寶？感謝感謝。

樓高千層世間樓　山根點明通理天
寺內眾神登無極　恩大難報我努力
主人道心應天心　聖人明道知天命
侯爺追隨腳步行　慈悲來把世人渡
末世災劫恐人心　只有明心明道理
心平氣和樣樣輕　各方神佛齊努力
兩岸三地渡回去　東方聖人現此地
引領天道救人心　天團天事依時行
名留青史萬古傳　來世見訓有你名

金門馬祖眾神佛　羨煞台灣澎湖神
目標先渡氣天神　再把佛子渡回去

好了，我言至此，再次感謝大家。

【棲隱堂】

中華民國壹百壹拾壹年七月十三日

保生大帝曰：

大家好，大家好！我是棲隱堂保生大帝，感謝感謝，在此借了本殿寶地接三寶，感謝感謝。

棲隱堂上佛光照　隱隱約約見本心
堂上玄關一指明　保你了劫脫生死
生生世世道心明　大地有道救人心
帝君要走聖賢路　來把道脈傳下去
祖脈相傳不間斷　只有理天佛子明
老中派你凡間渡　本是兄弟姐妹情
明心見性非口說　時機到了天堂現
看見原鄉憶兒時　明白故鄉自在情
無憂無慮因果停

我言至此，再次感謝大家。

【景山宮】

中華民國壹百壹拾壹年七月十三日

蘇府王爺曰：

大家好，大家好！我是本殿蘇府王爺，大家辛苦了，我可否先求三寶？感謝感謝。

景秀山河永不變
宮門點開道心顯
府上神尊共同喜
爺尊今日天命接
等待已久心願了
兄弟姐妹各自去
有人人間渡人心
氣天神尊接三寶
世間佛子接天道

山根佛心道永存
蘇府王爺大事辦
王心神心道心明
時機到了登理天
回憶當時接中旨
有人氣天作神去
想要天事天人辦
三界才能把道傳
才能明心明道理

天人共辦就此時　　天道天盤天團行

講的很清楚吧！好了，感謝大家。

【西嶽廟】

中華民國壹百壹拾壹年七月十三日

西嶽大帝曰：

大家好！我是本殿西嶽大帝，感謝天團辛苦了，我可以先求三寶？感謝感謝。

田墩天團傳天音
西嶽廟裡喜事辦
廟裡玄關點你明
嶽廟有道有神力
帝君下願世人渡
天道如何講人聽
傳道言教身教行
去把工作來完成
赴湯蹈火我不懼

墩上觀音報我喜
嶽廟神尊天命接
西嶽眾神真歡喜
大地天恩我難報
接天旨令勤學習
道理如何入人心
道心才能顯大力
來日方長細討論
命中有數我心明

我言至此，再次感謝大家。

【天后宮】

中華民國壹百壹拾壹年七月十三日

天上聖母曰：

大家好！我是本殿天上聖母，大家辛苦了，我要先求三寶，感謝感謝。

田墩天上聖母心　墩內喜迎天團來
天后宮內神尊喜　后心道心天堂心
宮門一點指你明　天鄉鄉音傳你心
后神也是佛子心　上天是你原故鄉
聖母理天佛子遊　母親等你明道心
想起回鄉那條路　邊走邊辦天事做
你明道理講人聽　媽祖觀音責任重
關爺王爺護你心　天團佛子心有應
天上討論來安排　事有定數寫好好

照本來走心快樂

好，我講至此，大家辛苦。

【觀音寺】

中華民國壹百壹拾壹年七月七日

南海觀音曰：

大家好啊！真的是好大的福氣啊！我是本寺堂上觀音，今日觀世音佛母率好多的神佛來到此，我誠惶誠恐要求天道三寶啊！感謝感謝，我要代其他神尊求三寶，感恩感恩。

東方聖人把道傳　山裡尋寺不見影
觀音點你自性佛　音敲我心終領悟
寺中大佛堂中坐　南海觀音我感應
海裡浪濤有不盡　觀心觀性觀自在
音傳十方領淨土　聞聲救苦我本性
聲聲催你莫遲疑　救你自性還你清
苦盡甘來我悟明

我言至此，非常感謝大家，我要感謝我們飛哥引領大家來此地，這個緣份非常的殊勝，能夠渡得神佛，若非大佛來的怎麼可能啊！期待再相會。

【景山宮】

中華民國壹百壹拾壹年七月七日

廣澤尊王曰：

大家好！我是本殿廣澤尊王，感謝大家，今日要辦大事啊！我可否先求三寶？感謝感謝，我要代其他神尊求三寶，感謝感謝。

景色雖美無心賞　山中求師不見師
宮壇名師一點明　廣傳天道救人心
澤潤人間苦人情　尊（遵）循天道我應命
王子本是天上來　領命辦道功德行
天上人間一線隔　命中得道才得知
傳道兄弟姐妹聽　天堂故鄉待你回
意義重在了生死

我言至此，再次感謝大家，我們再會呀！

【齊心堂】

中華民國壹百壹拾貳年一月二十七日

太子爺曰：

歡迎歡迎！歡迎天團來到此地，我等很久了，我是新園齊心堂太子爺，我要求理天三寶，媽祖娘娘告訴我，我就可以到處去玩，沒有人可以擋我，我不相信，所以我說我求了，我就知道了。謝謝，我看到了，謝謝謝謝，我不會做詩，我把感覺告訴你們。

新天新地好心情　園裡花香蝶兒飛
齊天立地我下願　心中明白我原鄉
堂中佛心赤子心　太子爺啊今日明
子子孫孫大道行　爺兒今日渡三天
原來人心不明心　無法了脫生死命
無極理天老中心　苦等紅塵流浪兒
何日才能原鄉回　天團兄弟姐妹聚

責任一肩來扛起　道路雖艱我共行

誓願將來天堂聚

我言至此，再次謝謝大家，下次再相會。

【蓮山宮】

中華民國壹百壹拾貳年一月二十七日

木吒二太子曰：

輪到我了，大家好，你好漂亮喔！你很亮很亮耶！你知道你是誰嗎？（瑞香送二太子花生糖）哇！花生好事會發生，我送你，送回去給你。你就觀音啊！因為你的心像觀音一樣聞聲救苦，你就知道啊，對不對。觀音有很多，但你就是觀音，因為這裡都是，對呀！又沒有外人，我要先求三寶，等一下講一講都忘記了，謝謝。我也看到了，謝謝謝謝。

蓮花座上觀音現　山上祥瑞天堂見
宮前山根點你心　木心也能見佛心
吒心吒情一瞬明　二太子心滿福氣
太極大道腳步輕　子子孫孫佛心渡
王爺太子兄弟情　原來皆是一家親

上天引我明真理　人心修心莫造業
業從口出是人心　人人既有佛心用
愛天愛地愛你親　要渡頑靈如何行
先渡進來講道理　道理不明難改性
隨緣隨情共努力

我講到這裡，再次感謝大家。

【海印宮】

中華民國壹百壹拾貳年一月二十七日

太子爺曰：

大家好，大家好！我是海印宮太子爺，我要求三寶，感謝感謝。

海天一色無邊際　印照我心憶原鄉
宮堂之上見我心　太子原是王爺作
子心爺心紅塵過　爺兒今日終明心
能得理天三寶接　謝天謝你恩定報
細細思量路怎走　眾仙眾佛齊討論
人人定要細思量　莫要只是說道理
重要要去懂道理　上天叫我傳道去
就是行道讓人明

我講到這裡，非常感謝大家，我只能說我會好好做，再相會。

【聖侯廟】

中華民國壹百壹拾貳年一月二十七日

朱府王爺曰：

大家好，大家好！大家辛苦了。我是本殿朱王爺，不好意思，讓大家辛苦來到此地，可否先求三寶？感謝感謝。

聖心佛心渡人心　**侯**爺追隨聖人行
廟堂起願渡人心　**朱**氏子孫功德立
王公子弟有福氣　**爺**們今日登理天
來把三天渡回去　明心見性無憂慮
三天渡了人間渡　天道明盤責任扛
道脈相傳意非凡　五教聖人大道行
我心今日終看見　原來天道是何意
人間故事了因果　重點要能了你願
四面八方皆有因　無論你自何方來

渡人明白佛心意

還你道心佛心用

心情愉悅無煩憂

我言至此，感謝大家。

【恩主聖侯廟】

中華民國壹百壹拾貳年一月二十七日

恩主聖侯曰：

大家好！我是恩主聖侯廟的恩主聖侯，非常感謝大家，我可否先求三寶？感謝感謝。

恩恩怨怨是人心　主要你心明天意
聖人傳道道脈延　侯爺領命腳步堅
有情有義我本心　情牽十方眾生渡
意念唯一明人心　明心見性是第一
只是人人不同命　隨緣渡化天安排
時間到了事自成

我言至此，再次感謝大家。

【龍鳳宮】

中華民國壹百壹拾貳年一月二十七日

天上聖母曰：

大家好，感謝感謝，大家辛苦了，我是官澳龍鳳宮天上聖母。大家風塵僕僕，渡仙渡佛渡三天，還有什麼比這個更好的事呀！渡仙渡佛就是渡聖人，聖人本就佛心滿滿，能得理天三寶就是最大的福報啊！福報都滿過功德箱了，我可以先求三寶嗎？感謝感謝。

官字兩口何意義　**澳**中境土待你歸
龍子鳳女紅塵渡　**鳳**中也有大佛心
宮裡渡人講道理　**天**是父母兒在地
上天降道要你明　**聖**心點明佛心顯
母親待你回鄉去　人間繁華似雲煙
因果業力何時盡　唯有修心明天意
轉你業力功德立　渡人渡心路怎走

你心要明才有力　人心知苦苦海遊
難脫生死永無盡　救人了脫生死命
功德之大大無比　大路眼前走下去
花開四方天堂見

我言至此，再次感謝大家，期待再相會。

江西龍虎山趙元帥曰：

坐啊！坐啊！今天大家話家常好不好？在廟裡要顧一點面子，或者應注意有沒有別的眼神，在這裡就像在自己家裡啊！大家新年好，看你們這麼高興在辦天事，我們不努力都怕跟不上你們了，剛才說對啦，其實我們很忙，現在算起來大概再一年多對吧！開始要忙你們去踩線，我們也要踩線，是不是啊！不過，我們比你們好辦一點，因為我們不用顧太多人事的問題，那一部分就真的要靠你們去幫忙，但是我們會做我們的部分。

我這幾年學很多，想法跟以前很不一樣，我真的很高興，我覺得我們心心相印對吧！是真的呀！我該怎麼說？要謝謝大家，也要謝謝我自己願意。這條路是作為一個人最高的境界，為什麼？不是修自身而已，你還去渡其他人，所以叫你們天團根本不為過啊！在場的諸位，你們自己感受一下，你們的心應該是要越來越靈敏，因為你們慢慢在回到原本的自己。何須言語溝通？那就是一個心裡的感受，感受化為行動，真的是天人一體，天人共辦。

我把我這段期間以來的感想，跟大家分享。我們在做大事啊！有沒有其他問題？趙元帥進步很多，其實趙元帥本靈是很不一樣的啊！你們今天有一尊也是，好像是太子爺，他說他是王爺，當時三才他自己有理解，那個太子爺，他本身前幾世也曾是王爺，是啊！能成為元帥那個種子，一定也不太一樣啊！所以當你們自己的感受越來越靈敏，就是很多過去的自己的能力回來了，那個能力不是你眼睛看得到的，但是很受用啊！因為那絕對是好的能力，是要引導你走對的方向的能力。講得清楚一點，就是你們原本在理天的能力，如果你還沒有感受，就要好好讀書啦！

我們在天上其實做的很高興，雖然也有擔憂，因為末法時期，災劫與道並降，但其實也不用什麼好擔心的。有的時候，人世間比另外一個世界還苦啊！對吧！我在趙元帥的廟裡，可不能這麼斯文，他們一定說，這一個是假的，但也沒關係。

此時此刻我是誰　轉眼幾世誰人知
重要知識努力行　當下即是最佳時
你有滿滿正能量　用你智慧說有緣
有緣之人上天引　無緣之人你立見
此時此刻只有心　一切佛心引你路
此路開往天堂鄉　先天後天兩兩全

用心去感受吧！好，還有沒有什麼問題？（問：尋祖廟與趙元帥廟誌之事），你們盡力做你們的，但不要勉強，我們也有安排，有的時候時間到了，自會明朗。其實，洛陽或者說對岸太多人等著，那裡的能人不比台灣少，只是沒有那個時間點，只能暗地裡自己修，他們很難去把心裡的感受說出來，因為時候還未到啊！時候到了，你們去了，台灣的好處就是這樣啊！因為大家一直以來，都有這樣子的學習，但是很多人身在對岸，也是他們自己選的劇本啊！盡人事，其他就等我們的安排。大家就做好自己該做的，身體要顧，工作要做，先天後天的工作都做了，都有了，這不是最好的嗎？

好了，還有別的事嗎？（問：何時才是大陸行的好時機），已經問過老祖師啦！其實香香剛才也講的很明白，要等到二零二四年下半年以後，其實你們就是在做典範，大陸那裡很多人可能會不明白，你們做這些事不為名不為利，為什麼？但是等到他們明白了，他們會給你們一些考驗，是真的不為名不為利嗎？

所以我說你們是典範原因在這裡，讓他們知道有那一個看不見，但是非常重要的世界，是他們不知道的那個世界，是他們心裡的世界，他們渴望已久。有一個不知道什麼東西，說也說不出來，等你們去告訴他們了，一切就明白了。所以，才需要大家，大概是這樣啊，還有別的事嗎？大家辛苦啦！我們帶著一群神佛跟著你們一起，所以不用擔心太多事情，就這樣。晚上大家早點休息，我先退。

【象山金剛寺】

中華民國壹百壹拾貳年六月三十日

觀世音菩薩曰：

大家好啊！好高興！我等眾神，何來的福氣，迎來天團，可否先求理天三寶？感謝感謝。

象山金剛不壞身　山中有靈是真身
金山銀山不比道　剛心有道才是真
寺堂神佛苦修心　觀音聞聲來救苦
世間萬物迷人心　音敲你心才天音
菩薩有道有真理　薩天薩土淨土現
與天相應走我路　後天世界先天心
十方大德有感應　苦心才能轉佛心

我言至此，再次感謝大家。

【慈航寺】

中華民國壹百壹拾貳年六月三十日

唐朝觀世音曰：

大家好，我是本寺唐朝觀世音，這個機緣都要感謝上天。可否先求理天三寶？感謝感謝。我看到了，看到了我的過去，我的原鄉。

慈心為渡苦人心　航向十方渡彼岸
寺裡眾神佛心顯　唐朝觀音代領寶
朝朝夕夕觀音心　觀天觀地觀自己
世間萬物天上有　音傳我心引我明
佛心才來見道心　祖先子孫一家親
普渡人間責任扛　濟世救人明天道
事事萬物皆有因　人間有愛路自開
觀音媽祖關爺情　世界無邊皆我境
音傳十方天堂行

我言至此，再次感謝大家。

【東方藥師佛淨土】

中華民國壹百壹拾貳年六月三十日

東方藥師佛曰：

歡迎大家，歡迎大家，歡迎來到東方藥師佛淨土，事事皆是早安排，我等先把三寶接，感恩感恩。

東西南北皆我境　方圓自在一身清
藥師七佛觀音心　師承如來也如來
佛心一點天堂見　淨土原在你我心
土地滋養我心田　下願渡世救苦心
人生之病從心來　病身要先心病醫
今日有緣天團遇　結緣心願無病心
萬藥能解一切苦　只因明白我自心

好美的天啊！我言至此，再次感謝大家。

【福慧寺】

中華民國壹百壹拾貳年七月四日

阿彌陀佛曰：

大家好，我是福慧寺阿彌陀佛，剛剛很有趣吧！我先求理天三寶，感謝感謝。我見到如來，如來見到我。

福高無邊天有天　慧心有道道心堅
寺裡迎來天團臨　阿彌陀佛感動泣
彌薩凡渡人間苦　陀佛智慧渡十方
佛心大開見三天　門開心靜見自在
藍天青山水悠悠　蟲鳴鳥叫心盪漾
回到原鄉見自己　無苦無樂是真身

我言至此，再次感謝大家，我們一定會在相會。

【獅山寺】

中華民國壹百壹拾貳年七月四日

觀世音菩薩曰：

大家好，我是本寺觀世音菩薩，大家辛苦了，我要求理天三寶，感謝感謝。

獅山寺裡見觀音　山林深處有道心
寺前天團點玄明　觀音菩薩理天登
世態炎涼要救心　音（因）為我心不再苦
菩薩佛心世人渡　薩土轉眼見黃金
天降大道紅塵渡　五教聖人齊努力
不分彼此本同根　佛道雙修隨師渡
只因頓悟自在心

我言至此，感謝感謝。

金寧鄉

【萬聖祠】

中華民國壹百壹拾貳年一月二十八日

地藏王菩薩曰：

大家好！我是萬聖祠地藏王菩薩，感謝大家，不辭辛勞，讓我們有機會做大事。可否先求理天三寶？感謝感謝。

萬里尋他無覓處　聖心原來佛心隱
祠堂修心百年渡　地藏菩薩觀音心
藏心藏道花開時　王道天恩引我明
菩薩佛心眾生渡　薩心願渡眾生盡
天團人人有神力　降伏眾生用佛心
世人因果還不盡　唯有頓悟救你心

我就言至此，再次感謝大家，今日法會一場，我們的心滿滿滿，下次再見。

【愛國將軍廟】

中華民國壹百壹拾貳年一月二十八日

愛國將軍曰：

大家好！大家好新年快樂，我是愛國將軍廟愛國將軍，感謝大家不辭辛勞。可否先求三寶？感謝感謝感謝。

愛傳十方天道行　國家我家眾生渡
將軍接命續前緣　軍民一心責任扛
生生世世大道行　我本下願天人渡
恭候天團已多時　大戲上演待你明
人間天堂佛心用　眾生佛心樂你心
我與諸位天上議　什麼角色自己訂
順你心想事事成　來把道務作好去

我言至此，感謝大家。

【忠烈祠】

中華民國壹百壹拾貳年一月二十八日

周府元帥曰：

大家好，大家好！我是忠烈祠周府元帥，被唱名好像中大獎，真的啊！先求三寶，感謝感謝。

忠字心中有大道　烈日當頭應我心
祠堂坐聽人辛苦　周府元帥今日明
府堂眾神佛相聚　元氣理天降人間
帥心有道才有力　虛心虔誠來明理
才能來講給人聽　再等兩年大陸行
彼岸佛子等我去　天時命運不可違
智慧用心路路行　天人攜手傳道去

好，我言至此，再次感謝大家。

【雙鯉古地】

中華民國壹百壹拾貳年一月二十八日

關聖帝君曰：

新年快樂啊！歡迎歡迎，大駕光臨。好高興，好高興，吾乃雙鯉古地關帝宮本殿關聖帝君是也。歡迎天團來此，可否先求理天三寶？感謝感謝感謝，今日本殿眾仙佛齊聚，宛如當時南天院討論白陽大事。

古人古蹟有故事　寧心盡心說當時
頭上青天憶原鄉　雙雙對對悠天堂
鯉魚遊湖無煩憂　古心古意是舊情
地上佛子有道心　關聖帝君引你行
聖人佛心講你聽　帝王民間渡人心
君心明心道引你　旁門左道非你道
分分秒秒惜光陰　來把道心發揚去
五教聖人把道傳　皆是佛心渡人情

接下來，要講私事。

我本法王好兄弟　帝君有淚不輕彈
各奔四方把道傳　天上人間皆一樣
等待回鄉共相聚　今日在此互道安
兄弟要保重身體

我們下次再相見，叫我一聲兄弟吧！太好了！大家辛苦了，我們下次再見。

【保靈殿】

中華民國壹百壹拾貳年一月二十八日

保生大帝曰：

大家好，大家好！歡迎來到此地。我是保靈殿保生大帝，可否先求三寶？感謝感謝，再感謝。

保佑明盤佛子心　靈殿有道有神力
殿前黃金鋪滿地　保你一生用不盡
生死大事一點了　大海竟是神仙境
帝王用心把道辦　先天後天要你明
眼前世界光陰箭　心中天堂隨你緣
這手拿起那手放　唯有道務兩肩扛
辦道用心如瓊漿　樂你心田暢你懷
四盤天團耐心等　來把天堂講人聽
救人苦心大事辦

我言至此，再次感謝大家。

【鎮南宮】

中華民國壹百壹拾貳年一月二十八日

關聖帝君曰：

大家好！我是鎮南宮關聖帝君是也。可否先求三寶？感謝感謝。

鎮守南天皆中命　南天大任一肩扛
宮宮廟廟人間殿　關聖帝君佑鄉民
聖人聖心有義氣　帝有佛心講情義
君王之道民間傳　本是道運上天定
上天大恩三曹渡　蓄勢待發渡彼岸
佛子殷殷切切盼　天人共辦神蹟顯
拯救人心明佛心　兄弟姐妹大道行

好，我言至此，再此感謝大家。

【伍德宮】

中華民國壹百壹拾貳年一月二十八日

蘇王爺曰：

大家好，大家好！歡迎歡迎。不好意思，我來求三寶，感謝感謝。

伍德宮裡有喜事　德心德情有道心
宮堂之上王爺坐　蘇家子孫天命接
王爺帶你謝天恩　爺孫王府共享德
我知此道非一般　只因理天眾神聚
若非大事怎如此　渡得理天佛子心
非要眾口說他聽　理天佛子用心看
感動他心悟他明　心心相印最有力

我言至此，再次感謝大家。

【先農廟】

中華民國壹百壹拾貳年一月二十八日

神農炎帝曰：

大家好，大家好！辛苦大家了。我是本殿神農炎帝，歡迎來到此地，我先求三寶？感謝感謝。

先帝有道佑子民　農氏勤奮養你身
廟堂大佛久坐等　神仙玄關一點通
農神今日天命接　炎黃子孫代代傳
帝王佛心救人心　了脫生死是第一
無奈人心沉淪久　要能明心實不易
盼你明心見本性　任何苦事甜你心

我先言至此，再次感謝大家。

【鎮東宮】

中華民國壹百壹拾貳年一月二十八日

玄天上帝曰：

大家好，大家好！辛苦了，天氣有點冷，我們盡快把天事辦了。

可否先求三寶？感謝。

鎮壓東西玄天帝　東南西北佑鄉民
宮堂今日獻祥瑞　玄天上帝天命接
天降大任我承命　上上下下十方走
帝君佛心感人心　要把天道傳你心
理天原鄉用心看　原來一切是自然
旁人說多本無感　唯有你走大道明
事事漸清烏雲散　原來劇本我自訂
有福有緣天命接　明白責任我願行
但願救人轉佛心

我言至此，再次感謝大家。

【真武殿】

中華民國壹百壹拾貳年一月二十八日

玄天上帝曰：

大家好，大家好！吾乃真武殿玄天上帝，可否先求理天三寶？感謝，感謝。

真真假假看不清　武功第一用佛心
殿上神佛喜洋洋　玄天上帝領天命
天上人間共渡化　上下同心共一力
帝名本是同根生　生生世世隨緣去
上天不捨不明心　降下大道五教行
緣來緣去盡人事　理天佛子回不去
天團一肩責任扛　理天眾神我兄弟
兄弟姐妹有緣渡　觀音媽祖關爺心
有愛有義智慧行　共演這場白陽戲

旁人都說不要緊　你心清楚是第一
我言到此，再次感謝大家，大家辛苦了。

【威靈宮】

中華民國壹百壹拾貳年一月二十八日

溫王爺曰：

大家新年好，新年好！我是威靈宮溫王爺，請向三位王爺共同祝賀，可否先代求三寶？感謝感謝。

威名遠播用心做　靈山久坐今日現
宮中大門天團開　溫康池王共享福
康府池府溫府爺　池塘魚兒悠自在
府上今日眾神現　王爺才知真道意
爺們深思又熟慮　領受天命真福氣
天道降下要努力　命運再造中恩報
眾仙眾佛努力行　是我榜樣勤學習
等待時機大事辦　救人明心真意義

我言到此，再次感謝大家。

【鎮西宮】

中華民國壹百壹拾貳年一月二十八日

章府王爺曰：

大家好！歡迎歡迎，大家辛苦了。我是本殿章府王爺，可否先求三寶，並代趙羅千歲一併求三寶？感謝感謝。

鎮字真經不怕煉　西方迎接眾神喜
宮堂三府王爺到　章趙羅家子孫福
趙府千歲今日明　羅府也是一家親
三府同登理天境　千千歲歲渡三天
歲月光陰如梭走　趕緊認真來學習
上天大道點我心　接道學道走大路
如何渡人佛心現　要待時機才能行
眾仙眾佛走前路　亦步亦趨我努力

感謝大家，我言至此。

【鎮西宮】

中華民國壹百壹拾貳年一月二十八日

池王爺曰：

大家好！我是另一個鎮西宮池王爺，可否先求三寶？感謝感謝。

鎮西宮廷有喜事　西方東方天堂現
宮裡眾神喜吱吱　池府王爺天命接
府上人人有福報　王爺今日大事辦
爺兒也有了願時　努力學習報中恩
力大無窮非遠見　要能打動你凡心
真理金口說出去　敲我心房覺不遲
原來一切是緣份　才能今日理天回
天堂世界如道心　非用口說能講明
只有用心心感受　飄飄欲仙你心受

好，我言至此，再次感謝大家。

【仙姑廟】

中華民國壹百壹拾貳年一月二十八日

王仙姑曰：

大家好！大家辛苦了，我是仙姑廟王仙姑，我要求理天三寶，我好緊張，我看到好多的神佛，我看到慈祥的觀音、神通的媽祖、威武的關爺，我知道今天不一樣。可否先求三寶？感謝感謝。

仙天仙地天堂現　姑娘今日開眼界
廟堂玄關一點明　王家仙姑天命接
仙人佛心似暖陽　姑娘爺們有道心
迎接天團把道接　再把大道傳人聽
世態炎涼人心苦　苦在不明真道理
一切都是用心看　煩惱也是你心造
理天三寶點我明　努力去做天顧我
能把大事辦了去

我言至此，再次感謝大家。

【雙忠廟】

中華民國壹百壹拾貳年一月二十八日

武安尊王曰：

大家好，大家好！不好意思，有失遠迎啊！我是本殿武安尊王，我要先求三寶，感謝感謝感謝。

雙忠廟堂眾神佛　忠義仁士有道心
廟堂聽聞撫人心　武安尊王佑子民
安家立業後天事　尊天行道先天責
王者智慧用道行　理天三寶點我明
何來福分三曹渡　原來早有巧安排
人人有責修你心　渡你本心明真理
才知大任渡人心　人神只差一點明
神人先後兩天行　才能看清世間情
莫要走偏費光陰　天人共辦是大喜

救人明心救自己　說與人聽神自聽
原來有捨自己得　理天佛子用良心
事事順心事事行

我言至此，再次感謝大家。

【將軍廟】

中華民國壹百壹拾貳年一月二十八日

愛國將軍曰：

大家好，大家好！我是將軍廟愛國將軍，可否先求三寶？感謝感謝。

將軍愛國也愛民　軍心也有大佛心
廟堂大門今日開　愛心原是佛心用
國境內外皆兄弟　將軍女仕一家親
軍有軍令天有法　天有天律把道傳
真道何物只用心　了悟時刻你心明
大道可貴貴在明　只是接到不用心
無法說給世人聽　要能學習聽道理
機緣來時心自明

我言至此，再次感謝大家。

【萬應公】

中華民國壹百壹拾貳年一月二十八日

地藏王菩薩曰：

大家好！我是萬應公地藏王菩薩，可否先求三寶？感謝感謝。

萬應宮中有神力　應天應地應道心
公心得道明道理　地藏菩薩天團行
藏你佛心非天意　王者大道待時機
菩薩本意修自心　薩心薩行才明心
天團佛子走大路　皆是明白是我路
理天直降大道行　講給佛子用心聽
末法時期災劫降　唯有道心護你心
先天後天用心作　順天應命本自然
煩惱不再礙你行

我言至此，再次感謝大家。

【代天府】

中華民國壹百壹拾貳年一月二十八日

溫王爺曰：

大家好！辛苦大家了，我們不辛苦，是大家辛苦了。我是代天府溫王爺，可否先求三寶，並代朱池府王爺一併求三寶？感謝感謝。

代天宣化是我責　天是我母我是兒
府前今日眾神聚　溫朱池府共商議
朱府王爺續前緣　池府王爺再造命
府上有喜理天回　王爺天命接下去
爺心佛心感天恩　讓我明白道何物
理天佛子道心堅　下願來到人間行
才能渡回佛子心　莫把人間當原鄉
快快明白天道理　才能完成天大任
攜手回鄉腳步輕

講完了，感謝大家！眾神佛共同討論，要考量三才與各位的體力精神。

【保安殿】

中華民國壹百壹拾貳年一月二十八日

保生大帝曰：

大家好！大家新年快樂，希望大家平安健康。我是保安殿保生大帝，可否先求三寶？感謝感謝。剛才三才跟我說保生大帝啊！可不可以賜給我們仙丹？

保佑鄉民我用心　安身立命我福氣
殿堂今日喜事迎　保你佛心三天行
生命可貴在行道　大地有道才有力
帝王大道人人有　機緣到了明你心
有道有身天道行　才能說與子民聽
珍惜人身得不易　明盤子弟有福氣
天命接了懂天道　渡了本心渡他心
世世代代道脈傳　接道明道快樂行

我講完了，今日圓滿。何謂仙丹？

仙丹一物救你身　有心有仙有神力
香香大任肩扛起　你心明白大路行
品全善良有佛心　大路自走隨你行
世峰祖啊道心堅　先天後天兩顧全
何物引你回理天　當然責任是第一
法王現前我福氣　滿滿關爺我兄弟
祝福一家福氣滿　夫人身體健康行
清安有道心要定　用你智慧問自己
神佛護你大道行　讓你明道一瞬明

要等好時機，就像志善一下就悟啦！要用心想啊！志善這顆仙丹何意義？

明你心性給你力　你走何道你心明
事事好事事事行

明盤四盤的道務也要仰賴你們兩位，在彼岸好多佛子待你們救啊！

文麗辛苦上天疼　莫要煩憂事事輕
代理祖師師母責　上天重任肩扛起
本是下願把道傳　人人本有不同力
只要用心來走去　到時歡樂天堂行

好了，我們今日就圓滿。希望這幾天，一切順心如意，我先退。

【保安殿】

中華民國壹百壹拾貳年一月二十九日

保生大帝曰：

大家早安，我是本殿保生大帝，很高興看到大家今天都元氣滿滿，表示仙丹有效啊！今天我們等等幾位附近的神尊會過來求三寶，再麻煩大家了。

陳氏子孫有緣聚　品性善良佛緣深
全（泉）水滿溢流四方　緣份安排時機至
份內份外顧兩全　天要顧你明道先
註（助）你心門門已開　定你神性走出去
堂堂五尺好男兒　盡心說給父母聽
自己人生路自走　神力才會給你力
再來回頭謝父母　生你養你顧你全
你要努力做好事　父母才能放你心

今天的主角是我們品全，因為法王的好兄弟託我給他一個祝福，我言至此，再一次感謝大家。

#【代天府】

中華民國壹百壹拾貳年一月二十九日

金王爺曰：

大家早安早安，我是代天府金王爺，今天來領寶心情很澎湃，各府王爺爭先恐後，關爺說就金王爺代表啊！所以我可以先領三寶啊！感謝感謝。

代理上天把道傳　天恩我報心有感
廟堂有神神自在　金銀財寶非我命
程府池府溫府共　池水滴答在心頭
溫暖冬陽似申恩　府上家人今誓願
只有努力把道傳　才能報答上天恩

我言至此，再次感謝大家，僅代表各府王爺，希望再相會。

【速聖廟】

中華民國壹百壹拾貳年一月二十九日

愛國將軍曰：

大家好，大家好，新年好啊！我是速聖廟愛國將軍，終於輪到我了，我可否先求理天三寶？感謝感謝感謝。

速速奔來保安殿　聖人齊聚正氣滿
廟堂紛紛議論天　愛家愛人更愛天
國事天事皆我事　將軍領寶來報恩
軍令天令皆我令　努力奔走快樂行
事事皆是好事情　你有佛心有正氣
口吐蓮花現真性　蓮花越多越開心
能量非你肉眼見　卻是第一大神力
你說蓮花蓮花聽　蓮花還你觀音心
好人好事好心情　就是天堂好時情

我講完了，就算是感謝各位，送給各位幾句佳話，我先退。

【雙忠廟】

中華民國壹百壹拾貳年一月二十九日

武安尊王曰：

大家好，大家好，我是安岐雙忠廟武安尊王是也，辛苦大家了，我可否先求三寶？感謝感謝。

安身立命天道接　岐地岐天好時機
雙雙烝氣兩顧全　忠心用在大路行
廟裡誓願我努力　武功蓋世傳道去
安心安神安本靈　尊天敬地尊道先
王心明心合為一　天人共辦了願去

我言至此，再次感謝大家。

【龍塘古廟】

中華民國壹百壹拾貳年一月二十九日

謝府王爺曰：

大家好，大家新年好，我是龍塘古廟謝府王爺，我來求理天三寶啊！感謝感謝感謝。

龍椅高高堂上坐　塘水明月映我心
古聖先賢求何物　廟堂玄關一點明
謝府將軍謝天恩　府內子孫紛道喜
王爺也有佛心滿　爺們道心比天高
原來天道是如此　努力辦道感天恩
時候一到你有感　原鄉溫暖暖我心
就是母親念你情　把握時機先天做
後天自有上天助　時間給你印證時
還有何物勝此功

我言至此，再次感謝大家，我們下次再見。

保生大帝曰：

保靈殿的保生大帝也來了，這個保靈殿的保生大帝，雖然今天沒有求道，看似沒有求道，其實已經求道了。但是，我們可以在形式上再賜三寶，這樣子大家都安心。

大家辛苦了，我是本殿的保生大帝，看大家一臉狐疑，其實今日代理師母也在，法王也在，各位祖師也在，佛母也在，關爺也在，媽祖也在，只要有證道都有效。但是，能有人間天團賜三寶，意義有點不太一樣，應該說很不一樣，道有時候是一個心吧！一個動作就悟了，只是看你自己會不會悟啊！香香的眼睛好亮啊！感謝感謝，我先退。

【忠義廟】

中華民國壹百壹拾貳年一月二十九日

山西夫子曰：

歡迎歡迎，歡迎大家來到此地。不好意思，剛剛處理事情去了，我要求理天三寶，感謝感謝。

忠心正氣我本心
廟堂今日大門開
西方東方聖賢聚
子子孫孫都庇蔭
聖事人人皆有責
君心得道一點通
天人共辦四盤責
打破五教人間律
何責何律用心想

義氣風發戰沙場
山中大佛現明心
夫子今日明心性
關聖帝君傳道去
帝君引領關關過
來把天事努力作
上天共助道脈延
理天法則定你律
觀音佛心擺第一

媽祖神通降鬼神　關爺正氣威八方

我言到此，再次感謝大家，辛苦了。

【將軍廟】

中華民國壹百壹拾貳年一月二十九日

鎮國將軍曰：

大家好，大家好，歡迎來到此地，吾乃將軍廟鎮國將軍，可否先求三寶？感謝感謝。

將軍今日有喜訊　軍心點明見佛心
廟裡久坐終見光　鎮守家園護你命
國事天事我責任　將軍帶領眾生渡
軍領天命真福氣　能接大道是安排
眾仙眾佛責任分　天上人間一條心
各司其職同船渡　理天佛子待你救
大船入港辦事去

我言至此，再次感謝大家，我心裡真的好高興。

【將軍廟】

中華民國壹百壹拾貳年一月二十九日

蘇府王爺曰：

大家好，大家好，我是蘇府王爺，感謝感謝，我要求三寶，感謝感謝。

安家佑民駐此地美中不足今日全
村有喜事天道降將軍等領天命接
軍有軍令天有法廟門大開走出去
蘇府王爺心歡喜清（青）山立前我下願
府前眾神共努力王爺兄弟終見天
爺們佛心滿滿現也有觀音慈悲心
也有關爺大正義領命我定勤學習
如何助天把道辦救人救心明道理

我言至此，再次感謝大家。

【吳保殿】

中華民國壹百壹拾貳年一月二十九日

吳府王爺曰：

大家好，大家好，我是吳保殿吳府王爺，可否先求三寶？感謝感謝。

吳府王爺有天命　保心保身有道情
殿前心燈一點亮　吳府王爺見天堂
府上祥煙正氣滿　王爺恭迎天團臨
爺們今日大福氣　過去功德今日報
何等殊勝真感恩　原來善報真有報
只要時機來到時　天音傳耳催你行
戰馬備齊別家鄉　我要三天傳天音

我言至此，再次感謝大家。

【萬善堂】

中華民國壹百壹拾貳年一月二十九日

包公曰：

大家好，大家好，辛苦了，我來討寶啊！可否先求三寶？感謝感謝。

萬事俱備等今朝　善德善念終善報
堂堂我是一佛子　包公正氣佑良民
公心佛心善人助　原本領命凡塵渡
世代變遷光陰箭　欣欣向榮要學新
跟隨天道天時運　事事皆是天註定
何時開悟何時明　莫要煩惱用心聽
四盤眾神齊相助　給你大力安你心
清楚方向只管行　你有智慧腳步輕

我言至此，再次感謝大家。

【寶靈殿】

中華民國壹百壹拾貳年一月二十九日

保生大帝曰：

歡迎歡迎，歡迎天團大駕光臨，我是本殿保生大帝，大家辛苦了，我先求三寶，感謝感謝。

寶物何在無處避　靈山根下一點藏
殿門打開天堂現　保你超脫生死間
生命何意有無道　大佛道心用人間
帝心佛心念中心　下願凡塵苦心渡
本是原鄉兄弟情　理天佛子紛紛降
紅塵雲煙不見天　等待點你心堂間
明你天地何意義　祝你因果大願了
趕緊回鄉見母親

我言至此，再次感謝大家。

【威靈殿】

中華民國壹百壹拾貳年一月二十九日

張公聖君曰：

大家好，大家好，好高興見到大家，我今天要求三寶，感謝感謝。

威振八方用神蹟　靈心有道樣樣明
殿殿佛燈點點亮　張公聖君功德立
公私有道皆有意　聖君傳道有天命
君臣今世前世緣　皆為了願續前情
方方正正我道心　圓圓滿滿我情意
有道有情天人共　天事意義非人懂
唯有悟道心有感　才有真道大路行

我言至此，再次感謝大家。

【金聖宮】

中華民國壹百壹拾貳年一月二十九日

順府王爺曰：

感謝感謝，大家辛苦了，我來求三寶，感謝感謝。

金線牽我理天路　聖心天心應我心
宮廟佛光現祥瑞　順天應命三寶接
府上客人同道喜　王爺誠心謝天恩
爺們兄弟情一場　重要牽手齊努力
來把大道傳下去　時光飛逝莫蹉跎
天團責任重又重　兩岸三地待有緣
上天自有巧安排　人人各有自己力
方向清楚人事盡　一路向前有感應
謝天謝地謝自己　終因福報功德立

我言至此，再次感謝大家。

【威震天門廟】

中華民國壹百壹拾貳年一月二十九日

岳隆德元帥曰：

大家新年好，新年好，辛苦大家了，我要求理天三寶，感謝感謝。

威力大傳渡三天　震動天地論紛紛
天門大開自在行　門前謝天報天恩
廟裡佛燈一點明　岳氏子孫有天命
隆隆鼓聲引我心　德慧雙修天恩賜
元帥牽手眾神行　帥（率）性有道才有力
我接三寶如夢境　醒來原來我本願
天上人間皆我境　要把大道傳下去

我言至此，再次感謝大家。

【昭忠堂】

中華民國壹百壹拾貳年一月二十九日

李光前將軍曰：

大家好，大家好，我是昭忠堂李光前將軍，我前來接三寶，感謝感謝。

昭昭我心點我明　忠心忠義引我行
堂門大開大路引　李氏將軍天道行
光耀門楣前世情　前世今生皆有命
將軍下願誓人渡　軍心有愛誓願行
生死有命我心明　命運我造天命接
努力努力再努力　理天大道十方傳
五教聖堂皆有力　唯有天道明你心

我言至此，再次感謝，大家辛苦了。

【靈濟宮】

中華民國壹百壹拾貳年一月二十九日

朱府王爺曰：

大家好，大家好，我是靈濟宮朱府王爺，感謝大家，辛苦了，我可否先求三寶？感謝感謝。

靈寄他鄉回不去
宮前迎來天團行
邢府王爺謝天恩
府堂眾神皆歡喜
爺娘皆是佛子心
但願今日天命接
接道明道走大道
後天因果一一去
還我本心觀音心

濟世佑民功德立
朱邢李府共相迎
李府王爺誓願行
王爺接命把道辦
今世王爺前世情
渡得三天渡人間
越明越清顯大力
先天智慧日日明
愛天愛地天堂境

我言至此，再次感謝大家。

【天鳳宮】

中華民國壹百壹拾貳年一月二十九日

小祖娘媽曰：

大家好，大家新年好，我是天鳳宮小祖娘媽，我來求三寶，感謝感謝。

天有安排今接命　鳳凰花開好時機
宮廷新燈點我明　小祖娘媽理天登
祖先有德有今日　娘親生我後天身
媽媽天上生我靈　原來天命真意義
要把佛子渡回去　無緣之人苦海遊
有緣之人看福氣　世人不懂寶可貴
走過錯過不可得　氣天神佛有道心
在世為人愛鄉民　善心善行廟堂坐
才有今日天道接　姐妹兄弟齊努力

大千世界也天堂

我言至此，再次感謝大家。

【李光前廟】

中華民國壹百壹拾貳年一月二十九日

李光前將軍曰：

大家好，大家好，先解惑一下，這個李光前廟與前面的李光前將軍，座上的神尊不同人，皆是有功將士被分派不同廟宇駐守保佑鄉民，所以我來求三寶，感謝感謝。

李家子孫有福報　**光**前將軍接三寶
前世今生因緣過　**廟**堂高坐聽眾生
李氏家族善良行　**光**照心燈點你明
前前後後幾世情　**將**軍只問道何物
軍心民心皆佛心　非有高下地位分
只有用心把道傳　你我共同有大力
才能渡得冥頑心　累生累世業力造
只要悟道兩袖清　道路眼前現光明

我知是我大道行
我言至此，再次感謝大家。

【聖侯廟】

中華民國壹百壹拾貳年一月二十九日

恩主聖侯曰：

大家好，大家好，我是榜林村聖侯廟恩主聖侯，感謝大家，我可否先求三寶？感謝感謝。

榜上有名天命接　林中自有佛燈點
村裡聖侯恭侯時　聖賢腳步我隨行
侯爺有道智慧興　廟裡來把苦心渡
恩主聖侯愛鄉民　主要明道傳人聽
聖人不辭辛苦行　侯爺善良佛心用
世界之大路怎行　天人共辦最有力
渡仙渡佛渡人心　皆是上天老中意
一切安排隨緣渡　一切蓮花顯你心

我言至此，再次感謝大家，好好休息啊！

【廣濟廟】

中華民國壹百壹拾貳年一月三十日

王公曰：

大家好，大家好，我是廣濟廟王公，感謝大家，可否先求三寶？

感謝感謝。

廣濟廟裡有神尊　濟世渡人我有份
廟堂高坐佑鄉民　王公王娘攜手行
公私分明有紀律　王心佛心渡世人
娘心感應上天心　皆是三寶引我明
理天今日我看見　共渡人心我努力
腳步踏來好實在　因為都是回鄉路
越走越高越福氣

我言至此，再次感謝大家。

【將軍廟】

中華民國壹百壹拾貳年一月三十日

愛國將軍曰：

大家好，大家好，我是賢庵里將軍廟愛國將軍，我先求三寶，感謝感謝。

賢士聖人我兄弟　庵裡端坐修我心
里上傳來天上音　將軍趕緊接寶去
軍心原來佛子心　廟裡責任佑鄉民
愛國將軍續前緣　國事就是天上事
將來傳道渡人心　軍功再造功德立

我言至此，再次感謝大家。

【法主天君廟】

中華民國壹百壹拾貳年一月三十一日

法主天君曰：

大家早安早安，恭候多時，麻煩大家了，我是本殿法主天君，我要求三寶，我也有看到理天啦！真的很不一樣啊！

法船入港天音傳　主人佛心一點明
天堂原鄉真美麗　君心原是赤子心
廟中滿是理天佛　法主天君接三寶
主要大任一肩扛　天恩難報我努力
君心明心是一體　人人皆是上天兒
快快明道智慧行　末法時期心更苦
苦在無緣識天機　緣份到了無緣過
有緣有份握時機

我言至此，再次感謝大家。

【源山宮】

中華民國壹百壹拾貳年一月三十一日

池王爺曰：

大家好，大家好，我是源山宮池王爺，好高興啊！我來接三寶，感謝。

源自理天你本靈　山根長住引本心
宮堂今日天門開　池府王爺顯道心
王心感動與天訴　爺們今日脫生死
何來福氣我不知　誓願努力來學習
相信終有一日明　顯我先天大智慧
用我三界渡三天

我言至此，再次感謝大家。

【昭應廟】

中華民國壹百壹拾貳年一月三十一日

池王爺曰：

大家好，大家好，我是昭應廟池王爺，我要求理天三寶，感謝感謝。

昭應廟裡池王爺　應心天上老中恩
廟堂接引天團臨　池府王爺天命接
府上眾神喜眉梢　王爺心滿謙卑行
爺心要來學觀音　慈悲救世渡苦心
原來助人離苦海　就是本心自上岸
世間道理就如此　有捨有得才是真
捨去有形帶不走　得到無形功德滿
我定努力來學習　天事辦了回鄉去

我言至此，再次感謝大家。

【莫不尊親廟】

中華民國壹百壹拾貳年一月三十一日

蕭太傅曰：

大家好，大家好，我是莫不尊親廟蕭太傅，感謝感謝，我要接三寶，感謝感謝。

莫（默）默善行護鄉民　不求功德只盡心
尊師重道是本心　親鄉愛民後天做
廟前迎來理天佛　蕭太傅啊今日明
太傅原來有佛心　傅爺來把天命接
通達三天我心喜　遠方母親終見兒
王心明心一切清　末法時期事事急
上天降道有今日　一切法門重在心
心靈了悟皆可行　接道明道用善心
才能真悟一切明

我言至此，再次感謝大家。

【孚佑廟】

中華民國壹百壹拾貳年一月三十一日

朱王爺曰：

大家好，大家好，我是孚佑廟朱王爺，我要求理天三寶，感謝感謝。

孚佑廟前現祥瑞　佑天傳來天音聽
廟堂今日有大事　朱府王爺天命接
王爺議論何福氣　爺心今日佛心顯
來把天道想明白　如何悟道來講道
觀音佛母慈悲示　邊做邊學天人辦
只有大步走出去　天要你明你會明

我言至此，再次感謝大家。

【紫蓮寺】

中華民國壹百壹拾貳年一月三十一日

觀世音菩薩曰：

大家好，大家好，我是紫蓮寺觀世音菩薩，好高興，好高興啊！我看到好多觀音、好多媽祖、好多關爺，我要接理天三寶，感謝感謝。

紫竹林中有觀音　蓮花座上現佛心
寺裡心經聽天音　觀你自在菩薩心
世人皆是佛子來　音聽暖心憶當時
菩薩我拜眾明心　薩土也會天堂現
觀音今日見觀音　氣天來把理天回
原來佛心是道心　是我下願紅塵渡
今日姐妹渡我回　我心清明明如鏡
但願佛子皆明心

我言至此，再次感謝大家。

【承濟殿】

中華民國壹百壹拾貳年一月三十一日

侯府王公曰：

大家好，大家好，我是承濟殿侯府王公，我要接三寶，感謝感謝。

承先啓後把道傳　濟世救人來明心
殿堂門開現觀音　侯府王公道心明
府前府後聲聲賀　王公喜樂喜上心
公有公道天有律　大道怎傳要學習
我知此道非一般　紫氣祥煙眾神靈
我定努力勤學習　以報老中大恩情

我言至此，再次感謝。

【榜林聖侯廟】

中華民國壹百壹拾貳年一月三十一日

恩主聖侯曰：

大家好，我是榜林聖侯廟恩主聖侯，我要接三寶，感謝感謝。

榜林聖侯迎眾仙　林中觀音點我明
聖人佛心善良渡　侯爺今日天命接
廟前眾神歡喜賀　恩大我報我學習
主人後天明佛心　聖人來把天事辦
侯爺立功有大德　傳道三天自在行
天團佛子時機至　攜手共行回理天

我言至此，再次感謝大家。

【宏濟殿】

中華民國壹百壹拾貳年一月三十一日

朱王爺曰：

大家好，大家好，我是宏濟殿朱王爺，感謝大家，我來接三寶，感謝感謝。

宏圖大展我道心　濟世渡人天道傳
殿前眾神引我行　朱府王爺誠心用
王者之尊佛心顯　爺心大愛苦心渡
天人共辦天安排　天上人間努力行
事事有感天助你　後天努力責任盡
先天本你下願作　一切有命終有得
有緣自來心歡喜

我言至此，再次感謝大家。

【福寓宮】

中華民國壹百壹拾貳年一月三十一日

厲王爺曰：

大家好，大家好，我是福寓宮厲王爺，我要求三寶，感謝感謝。

福心本是善心修　寓前門開點你明
宮堂金光金線牽　厲家子孫天命接
王爺有道是第一　爺孫前世兄弟情
世世因果世世了　天盤天道可貴真

我言至此，再次感謝大家，我先退。

【廣濟廟】

中華民國壹百壹拾貳年一月三十一日

玄天上帝曰：

大家好，大家好，我是廣濟廟玄天上帝，大家新年快樂，我要求三寶，謝謝謝謝。

廣濟廟裡有神靈　**濟**世救人要救心
廟門開啓玄關點　**玄**天上帝天命接
天有天律地有法　**上**承祖師下渡人
帝君感謝天團心　馬不停蹄傳天音
因為悟道在即時　打鐵趁熱去努力
要想學習大神力　快把經書看進去
人生幾世茫茫過　讀經懂經字字清
將來佛堂亮金金　再來討論大事情

我說完了，再次感謝大家。

【廣玄宮】

中華民國壹百壹拾貳年一月三十一日

北極真武老祖曰：

大家好，大家好，我是廣玄宮北極真武老祖，我要求三寶，感謝感謝。

廣納百川是佛心　玄妙之間一刻明
宮堂之上神尊喜　北極星光照我心
極（急）急律令天道傳　真道還你一點明
武功高強傳天命　老師傳你理天經
祖脈傳燈意義深　這是老中念兒心
終有一日迎你回　理天故鄉話人間

我言至此，再次感謝大家。

【鎮南宮】

中華民國壹百壹拾貳年一月三十一日

普庵佛祖曰：

大家好，大家好，我是鎮南宮普庵佛祖，大家辛苦了，可否先求三寶？感謝感謝感謝。

鎮守家鄉護鄉民　南北各路英雄聚
宮前上天證道心　普庵佛祖天命接
庵裡思量道怎辦　佛心有道要點明
祖脈不斷隨師轉　世代不同能變通
佛子紛紛下凡來　來把兵將點點明
將來才好渡彼岸　真道可貴動人心

我言至此，再次感謝大家。

【仙德宮】

中華民國壹百壹拾貳年一月三十一日

水仙王曰：

大家好，我是仙德宮水仙王，可否先求三寶？感謝感謝。

仙氣緲緲有神道　德行感天天助你
宮堂今日天命接　水仙王心感天恩
仙心佛心皆道心　王宮貴族佛子情
土地公公齊授命　地方傳給世人聽
公事公辦天事辦　私事私了一切清
只要誠心智慧行　棄你陋習現佛心

我言至此，再次感謝大家。

【雞山宮】

中華民國壹百壹拾貳年一月三十一日

厲王爺曰：

大家好，我是雞山宮厲王爺，我要求三寶，感謝感謝。

雞鳴日初我心田　山頂明月映我心
宮前喜迎天團員　厲家來把天命接
王爺心中有感應　爺心明道責任扛
既有緣份天道接　定把真心努力傳
各地王爺聚一團　好比媽祖娘子軍
再有關爺兄弟情　追隨觀音天道行

我言至此，再次感謝大家。

【威濟廟】

中華民國壹百壹拾貳年一月三十一日

池王爺曰：

大家好，大家好，我是威濟廟池王爺，我可否先求三寶？感謝感謝。

威名遠播天團行　濟世救人渡佛心

廟裡貴客喜相迎　池府王爺共相聚

王爺三寶接了去　爺心頓登理天鄉

原來我有天道令　遊走三天大步行

何等福氣我感受　再把福氣傳出去

好了，我就言至此吧！再次感謝大家。

【保安廟】

中華民國壹百壹拾貳年一月二十八日

玄天上帝曰：

大家好啊！駐在此地第一次開口，好久沒有這種感覺啊！都忘了跟大家拜個晚年，新年快樂！我是本殿北極玄天上帝，我今天要求三寶，感謝感謝感謝。

保安廟裡玄天帝　安坐堂上迎天團
廟裡眾神喜洋洋　北極玄天上帝引
極星應我佛心顯　玄關大門今日開
天堂無礙三天渡　上證果位福氣到
帝心謙卑把道傳　世間人情如何對
點明盲點救玄關　莫要小看玄關門
一把鑰匙明你心　大門既開勇敢行
本是你願今日明　快快把握好時機

救人明心心自喜
我言至此，再次感謝大家。

金城鎮

#【伯玉亭】

中華民國壹百壹拾貳年一月二十七日

胡璉將軍曰：

大家好，大家好，不好意思啊！一早就打擾你了，看著你們路過經過走過，就是沒有來過錯過，所以此行一定要把你們請過來。我好高興好高興啊！天后宮的媽祖說：將軍啊！你冷靜一點啊！我怎麼冷靜啊！我看著眾神佛，一一求三寶，我在想這是什麼啊！他們告訴我啦，胡將軍你在人間做這麼多好事，你應該知道：要救人要救什麼？當然是救心啊！胡將軍如果你求得理天三寶，你可以救人心了脫生死，你要不要做？我心裡想，那有這麼好的，但是，是媽祖娘娘告訴我，這是為什麼我這麼急，我們先辦正事，可以賜我理天三寶嗎？我懂了，我看見了，原來我本有責任，感謝感謝。

將軍名璉字伯玉　伯玉原來有大任
玉中本有大佛心　亭上天團傳三寶

胡家子孫天命接　璉心感應上天恩
將軍誓願渡三天　軍心佛心智慧行
報答中恩引我明　天上母親點我心
恩情換我救人心　渡人渡心盡天事
三曹普渡我努力　天人一炁我願了

我言至此，再次感謝大家，下次一定不要路過，要來過，感謝大家，我們下次再見。

【來鳳宮】

中華民國壹百壹拾貳年一月三十日

田府元帥曰：

歡迎天團來到本宮，不好意思，看到這麼多的神佛，想說什麼大事啊！但我現在明白了，觀音佛母說我要接理天三寶，我懂了，感謝天團。

來鳳宮內久候時　鳳心只能聽苦心
宮中以為黃金屋　田府元帥有心事
府上眾神今明心　元帥大門走出去
帥氣英姿如當時　熱血沸騰愛國心
原來人生世世過　不明道理難逃脫
我心今日終明白　眼前世界大不同
盼望上天給我力　還我青年好力氣
來把大道印我心　才能說給他人聽

以報上天大恩情

我言至此，再次感謝大家。

【金水寺】

中華民國壹百壹拾貳年一月三十日

觀世音菩薩曰：

大家好，我是金水寺觀世音菩薩，大家辛苦了，我要求三寶，感謝感謝，我先說我今天好感動啊！我看到觀世音佛母。

金山銀山非我山　**水**流潺潺動我心
寺（賜）你三寶心中明　**觀**音今日原鄉見
音傳十方渡苦心　**菩**薩心中聽你苦
薩土佛心是天堂　趕緊接寶學真理
來把道心還你明　人人有神有大力
摒棄舊習漸漸明　佛心魔心皆是心
先天後天真假辨　要能改變你命運
大手一揮棄稟習　原來怨天天不應
是我自已不願聽　感謝上天讓我明

事事好事今日起

我說完了，感謝大家。

【靈濟宮】

中華民國壹百壹拾貳年一月三十日

蘇府王爺曰：

大家好，大家好，我是靈濟宮蘇府王爺，我來求三寶啊！感謝感謝。

靈山有寶莫外求　**濟**世救苦一點通
宮內寶山明你心　**蘇**府王爺今日喜
府上今日貴客臨　**王**爺接寶理天登
爺心下願天事辦　抱我福氣報天恩
原來世界大不同　有緣無份看你命
時機到了緊緊跟　事事如意事事行

我言至此，再次感謝大家。

【惠德宮】

中華民國壹百壹拾貳年一月三十日

李王爺曰：

大家好，大家好，我是惠德宮李王爺，我要求三寶，感謝感謝。

惠心善行我本性　德蔭子孫我福氣
宮堂心燈一點明　李府王爺悟道心
王爺佛心本自有　爺兒外尋尋無處
原來事事修自己　修完自己道心堅
才有大力渡人心　這條大路用心行
自己體會有感應　他人都說他人聽
你心有靈心清明

我言至此，再次感謝大家。

【勇伯公宮】

中華民國壹百壹拾貳年一月三十日

勇伯公曰：

大家好，大家好，我是勇伯公，我要求三寶，謝謝謝謝。

勇伯公公今日喜　伯公原來有佛心
公心婆心皆佛心　宮外世界見天堂
勇敢合意講你聽　伯心有錯對上天
公心有道改舊習　要想有力要謙卑
後天稟習來拋去　先天佛心才能明
再來學習明道理　智慧大顯事事清

我言至此，再次感謝，大家就先退了。

【延平郡王祠】

中華民國壹百壹拾貳年一月三十日

延平郡王曰：

大家好，大家好，我是本殿延平郡王，大家辛苦了，我要先求理天三寶，感謝感謝。

延平郡王今日明　平心靜氣三寶接
郡王天命道脈延　王心愛民是佛心
祠堂上坐紅塵看　延平郡王苦心等
平靜時日今日改　郡王說道三天傳
王者風範是佛心　要說要做才有力
天上人間天事辦　才能做給世人看
事有安排用心想　命有定數用心造
謙卑學習大路行　撥雲見日花開時

我言至此，再次感謝大家。

【李府將軍廟】

中華民國壹百壹拾貳年一月三十日

李府將軍曰：

感謝感謝，我是李府將軍，可否求三寶？感謝感謝。

前前後後幾世情　水過土流業力造
頭頂將軍名響亮　李府祖先得庇蔭
府前熱鬧迎眾仙　將軍今日三寶接
軍心佛心是一體　眼前一點心燈明
先天後天戲人間　理天佛子紅塵渡
苦海非你原故鄉　渡你明心一家圓
人心紅塵當天堂　不知世世輪迴過
天團佛心把人渡　我有福氣牽手行

我言至此，再次感謝大家。

【泰安宮】

中華民國壹百壹拾貳年一月三十日

聖侯恩主曰：

大家好，大家好，我是泰安宮聖侯恩主，大家辛苦了，我要求三寶，感謝感謝。

泰山腳下寶藏藏　安你心神護你身
宮堂今日天團迎　恩主聖侯終明心
主人何在隱不見　聖心點明佛心現
侯爺福氣天命接　遊走三天把道傳
我知天時如輪轉　人心思變要跟上
才有大力智慧用　把道說給眾生聽
佛燈點亮見佛心

我言至此，再次感謝大家。

【五府廟】

中華民國壹百壹拾貳年一月三十日

池府王爺曰：

大家好，大家好，我是五府廟池府王爺，我要求理天三寶，感謝感謝。

五府廟堂正氣滿　府內眾神迎貴客
廟堂今日三寶接　池府王爺明道心
府前府後賀喜聲　王爺知恩一定報
爺心今日見母親　原來我有故鄉情
生生世世苦流浪　今日終有回鄉時
原鄉之路如何走　記好記滿辦事去
眾仙眾佛好福氣　名流青史有一筆
好好學習有一日　來把天道傳你心

我言至此，再一次感謝大家。

【回龍殿】

中華民國壹百壹拾貳年一月三十日

土地公曰：

大家好，大家好，大家辛苦了，我是回龍殿土地公，可否先求三寶？感謝感謝，真好真好啊！

回鄉之路眼前現　龍有神在佛心顯
殿前眾生苦心求　福德正神用心做
德心德行神仙坐　正氣引來天團救
神仙原來同觀音　慈悲救人聽苦音
努力學習媽祖行　冥頑之心關刀斬
一切都是救自己　今日發現有神力
需要觀音觀音現　呼喚媽祖媽祖聽
關爺賜我智慧心　恩怨分明智慧行

我言至此，再次感謝大家。

【聖帝廟】

中華民國壹百壹拾貳年一月三十日

關聖帝君曰：

大家好，大家好，我是本殿關聖帝君，感謝大家辛苦了，我要求理天三寶，感謝感謝。

聖人佛心世人渡　帝君有緣三寶接
廟堂之上佛燈明　關爺兄弟齊相聚
聖帝正氣透三天　帝君來把苦心救
君子有道說人聽　點人心燈讓人明
生死大事無力轉　唯有天道讓你轉
兩岸三地世人渡　四盤天團佛心顯
金門神話用心聽　心門漸開日漸明
神話傳說天上來　天降甘霖世人心

我言至此，再次感謝大家。

【盧府娘娘】

中華民國壹百壹拾貳年一月三十日

盧府娘娘曰：

大家好，大家好，我好有福氣呀！我是盧府娘娘，我在旁邊看了很久，我要求三寶，感謝感謝。

盧府娘娘有福氣　府前貴客喜相迎
娘娘今日接三寶　娘心引我聽天音
有朝一日我恩報　天上人間我努力
命運安排天道行　渡化人心勤學習
三天共渡是天責　人間共救是福氣
感謝天團不放棄　我心快樂報你情

我言至此，再次感謝大家。

【天官府】

中華民國壹百壹拾貳年一月三十日

陳昌文曰：

大家好，我是天官府陳昌文，非常感謝，我要求三寶，感謝感謝。

天官下凡為了願　官府大門今日開
府前迎來貴客臨　陳氏昌文好福氣
昌文在世用心做　文學造詣助人明
原來世世來助人　終有一日救自己
苦人苦在不知苦　投胎轉世因果報
今日理天一登明　原來我鄉在那裡
趕緊學道講人聽　用你行動最有用
事事快樂事事清　就是渡人最有力

我言至此，再次感謝大家。

【回龍宮】

中華民國壹百壹拾貳年一月三十日

金王爺曰：

大家好，我是回龍宮金王爺，辛苦大家了，我可否先求理天三寶？感謝感謝感謝。

回鄉之路長又長　龍心思念老中心
宮內三寶點我明　金府王爺見故鄉
王爺原是理天降　爺心佛心愛世人
只是紅塵浪裡滾　何年何月才明心
末法時期心不亂　三寶接了事漸明
今日終見我故鄉　來把歸路看好去
大石小石皆無礙　只要有道在我心

我言至此，再次感謝大家。

【太文嚴寺】

中華民國壹百壹拾貳年一月三十日

清水祖師曰：

大家好，大家好，我是太文嚴寺清水祖師，我要先求三寶，感謝感謝。

太文嚴寺有道心
文文雅雅祖師情
嚴心嚴情道心堅
寺裡終有天命接
青山綠水憶原鄉
水裡明月照我心
祖師有命天道接
師承先祖把道傳
隨師轉輪非一般
只因世人心不古
世事變化如光陰
要能行道智慧用
既然事事好事情
用你佛心轉你心
不要罣礙無煩憂
好事自然向你去

好我言至此，感謝感謝。

【仰峰宮】

中華民國壹百壹拾貳年一月三十日

吳府大千歲曰：

大家好，大家好，我是本殿吳府大千歲，感謝大家辛苦了，我要求三寶，感謝感謝。

仰望青天思原鄉　峰高谷底有神在
宮裡神心是佛心　吳府千歲今日明
府上人人是兄弟　大心小心姐妹情
千千萬萬世人渡　歲歲月月大道行
既然能得理天寶　我定努力把道辦
三曹普渡我有份　世人苦心來渡明
要把觀音來學習　來把人心換佛心
不知你心有大力　苦苦外求終無力
事事皆是修自心　才能渡得他人行

我言至此，再次感謝大家。

【修文殿】

中華民國壹百壹拾貳年一月三十日

東嶽帝君曰：

大家好，大家好，我是修文殿東嶽帝君，感謝感謝，大家辛苦了，今日來求三寶，非常高興，可否先求三寶？感謝感謝。

修行修心才是真　文心武身是佛心
殿堂久候天團臨　東嶽帝君天命接
嶽山天光耀我心　帝君感應思中心
君心今日明真理　要把天道傳出去
並非人人有機緣　佛心只能渡有緣
氣天神佛齊相聚　同心協力安排去
要把大道傳對岸　來把苦人換佛心

我言至此，再次感謝大家。

【牧馬侯祠】

中華民國壹百壹拾貳年一月三十日

恩主聖侯曰：

大家好，大家好，我是牧馬侯祠恩主聖侯，我來求三寶，感謝感謝。

牧馬侯祠聽雞鳴　馬上仰天見金光
侯爺有心有今日　祠堂大喜三寶接
恩主聖侯齊相聚　主人終有一日明
聖賢道路是我路　侯爺世世走大路
天上人間共相聚　來把氣天神佛渡
善心善行有善報　何等功德可比擬
辛苦天團賜我福　明我道心給我力
你在人間我在天　心心相印牽手行

我言至此，非常感謝大家，我先退。

【豐蓮宮】

中華民國壹百壹拾貳年一月三十日

玄天上帝曰：

大家好，大家好，大家辛苦了，我是豐蓮宮玄天上帝，我要求三寶，感謝感謝。

豐衣足食後天福　蓮花佛心先天緣
宮裡喜迎天團員　玄天上帝天命接
天命何意理天回　上天旨令我承接
帝君有道渡三天　再來天事人間辦
三曹普渡天團行　天界人界佳話傳
世世代代聖心用　來把佛子渡回去

我言至此，再次感謝大家。

觀音佛母曰：

晚上大家好！大家辛苦了。其實看你們討論天事很有趣，跟在天上討論其實也很像，但是差別就在於在天上大家都很正面。所謂正面？如果討論到人間事，知道這個人很難溝通，就是直接按下類似放棄不適合，放棄這個人，就是對類似暫停就不用一樣，不用一直浪費時間討論下去，這是為什麼效率可能比你們好啊！因為會一直往對的方向走下去。第二個不同的地方：是大家絕對不會說不好的話，因為都是佛心啊，其他其實也差不多。

你們辛苦一點，因為要顧全方方面面，這是為什麼聖訓常講智慧行。人要會調整，道務其實也是一樣，只要方向是對了，其實也不用事事都要照舊。我這樣講照舊，這一次的聖訓，有很多次提到世事變遷。在人間如果不跟著變，是跟不上的喔！我這樣說，應該你們就勇敢的去變吧！

人人心中一把尺　只要佛心智慧用
勇敢堅強如關爺　慈悲情懷是觀音

你們來到金門馬祖，將來的澎湖甚至埔里，其實是一件大事，因為是渡仙，也算了了上天一個願，你們應該都明白我的意思。其它，我只能說大家辛苦了。在座的天團成員，明盤四盤要感謝大家，相對的你們心裡也知道，有緣在此是早安排，自由自在，宛如天堂。這個自由就是你坐在這裡，你也是自由的，沒有罣礙！沒有負面！就算你現在面臨再大的恐懼也都無礙。你們都做得很好，不然天人怎麼共辦啊！所以我只有鼓勵！只有加油！

還有其他的問題嗎？（問：在這個時間點講理天三寶，有沒有什麼特殊意義），因為要渡氣天神！簡單說就是這樣。氣天神不像諸位在人世間求三寶就可以直登理天，因為氣天神已經在氣天做神了！祂們還是有自己的實現，對吧！所以讓祂們知道也有機緣可以回到理天，對祂們來說這是非常珍貴的。就好像你們中了頭獎，對氣天神祂們來說這真的不算什麼，因為回到理天，那是千千萬萬都換不到的呀！

點了道就會悟嗎？當然不會，除非你本身修行已高，有的時候只是一句話、一個動作，也許你就悟了。所以真正悟的時候，就像諸位可能參與辦道、參與聽課，在法會中的某一句話你就悟了。那個時候你會有心裡的感動，沒有爭論，沒有違合，就只有你自己知道。珍珍曾經跟你們分享過，回到理天的感覺，那就是一個你們很熟悉，你們很思念，沒有任何的負面，只有滿滿的愛的地方。很想要回去吧！會的！我們把事情辦好，大家要有智慧。現在你們就有能力讓自己，在這個當下就是理天！做好事，說好話，一切都是正能量，其實這就是理天啊！真的呀！

珍珍是一個很會設身處地替人家想的人，珍珍的牽掛就是她的家庭跟學校。她為了道，其實現在幾乎可以說她可以擺第一。雖然時間還不是她的第一，但是那個道，她真的了解祂，也可以把道務放第一，所以她才會很想有一個佛堂。讓大家可以在那裡像海印寺一樣，喝茶！聊天！然後談天事。她希望讓觀音佛道的弟子，也可以有這麼好的地方，能夠讓受傷的心靈痊癒！讓耗盡心力的心能夠充電！

還有別的問題嗎？（問：平常除了去佈道之外，還有什麼可以讓我們學習的），其實看到志善提出的問題，我很是感動，看到你們兩位我們都很感動。經書的目的是什麼？這次的聖訓有很多提到修自心，只要你覺得有幫助都可以。因為再好的經書，你不懂也無意義。雖然有的經書是因為佛陀有下願，你讀了多少遍的經書，你就有什麼樣的收穫。其實，經書是拿來真正修你內在的，這就是你懂的那個力量，比你唸千遍萬遍的佛經還有用。不是說念經沒用喔！跟你們談天很快樂，因為像在天上談天一樣，不用講太多不必要的話。

還有別的問題嗎？（問：悟道後會有什麼樣的表現，或行為有什麼樣的不同），悟道人人本不同，修為來自你的本源，有的人悟道放空一切，有的人悟道謙卑而行，不用強求悟道，因為悟道是有時機。因為有的人是一次悟道，有的人是多次的悟道，只要你有進步都是好的，因為根基本是不同，所以不用罣礙。還有別的問題嗎？我很感謝大家，也非常非常的愛大家。你們可能無法想像我只能用隻字片語來表達，心裡不要說：佛母啊！讓我中獎吧！如果沒有其他問題，我請老祖師和大家敘敘舊。

護衛四祖老祖師曰：

香香好！志善好！第一個跟他們打招呼，你們不要吃醋喔！因為他們是最新的。以後有新的，他們也不是第一個。我愛開玩笑啦！第一個跟你們打招呼！是因為很謝謝你們，不然我這些弟子會很辛苦啊！沒有關係，快要出運了。

明盤四盤的三才是上天指定的，所以你們急，也急不來。但是很重要的是，這個三才真的是要很單純，單純而且不笨還要善良。很重要喔！善良有智慧但不會狂妄，不會驕傲，我最怕就是在上位的人太驕傲。為什麼？因為我是過來人啊！身為他的弟子很辛苦哦。明盤四盤就是一個組織，每個人都有每個人不同的能力，去做該做的事。因為不可能一個人什麼都會做，那就會有類似掌權、集權的問題產生啊！所以每個人做自己最擅長的，那是最好的。每個人都在學習。重要的是你謙虛就聽得進去，你就會吸收進步，就是這樣啊！大家願意付出自己的時間來做天事，就是盡一份自己的力量。先天後天兩邊都去做，真的是最好的，會越來越有感受喔！

還有別的問題嗎？（問：證道及擔任天職之事），其實香香自己應該也知道，她是很有觀音緣啊！香香對明盤四盤幫助很大，一方面懂道的人本來就很少，她也是很謙卑的。雖然有的時候一下子就說出來，但她不是故意要講的，這也算是他的天份吧！有的時候沒有天職，也很難說服一般人啊！天職是一個非常好的工具。但你們心裡也知道，真正的你是要幫助一個人了脫生死，同時也要真正的讓自己悟道，擔任天職的意義大概就是這樣。

志善擔任天職已經具備了至少兩個條件：第一個是你自己剛才講的，一生工作都在大陸。現在弟子要去一趟大陸也是很辛苦，這個是後天一個很現實的狀況。第二個是你越來越謙卑，這個很重要。我剛才也講過了，就怕在高位的人不謙卑。但是在你對付頑固弟子的時候，你可以不謙卑，而且你剛好有一些小聰明。

昨天文麗跟珍珍有在討論，為什麼明盤四盤的子弟好像每個人的能力都很單一。所以法王的能力，你自己很清楚，你的易經八卦及你寫的書，你是非常厲害的。香香不能寫書，現在不能寫書，將來也許可以。但是香香有你特別的能力。珍珍就是目前的三才，珍珍這個三才，也沒有比以前厲害啊！以前的那些三才講文言文，批出來的聖訓，是多麼的神奇。但那個是過去式，現在你如果拿那樣的聖訓去給年輕人看，他們看都不看啦！因為看不懂。就像我的經書，沒有人要看，是真的要有翻譯版對不對？

還有別的問題嗎？（問：女兒的事），我們做我們該做的，真的！我們的福分會給上一輩和下一輩。珍珍常講，以前有問題就找法王卜卦，因為那是我們的福氣。說實話可以少走一點枉冤路，少浪費一點心力和金錢，這也是明盤的弟子跟著辦道的收穫。那同樣的我把問題丟回去給法王和香香，他們比我還厲害喔。是啊！問他們會更清楚，兒孫自有兒孫福。還有早上珍珍的那一句，教人永遠教不會，事情教人一次就會。而且不要小看困難，困難越大成長越多。所以卜卦的好處，是少浪費點心血，但是就少了一點學習，就是這樣子。大家辛苦了，明天繼續加油，我先退了。

【仰雲殿】

中華民國壹百壹拾貳年一月三十一日

保生大帝曰：

大家好，大家好，我是本殿保生大帝，大家辛苦了，我要求理天三寶，感謝感謝。

仰望天邊何處看　雲間透來金線牽
殿堂門開道心明　保生大帝真高興
生命可貴妙輪迴　大地救命能救心
帝心有道天命接　從今爾後渡三天
天人共辦最可貴　明心見性誠不易
唯有道理映你心　一點一點頓悟時
才能修你輪迴心　修身修心用誠心
莫要傻傻不用心　生生世世難改習
要下決心改命運　常聽道理聽進去

再把道理做出去　　你心改變改命運
越來越好越福氣
我言至此，再次感謝大家。

【紫玄宮】

中華民國壹百壹拾貳年一月三十一日

南海觀世音曰：

大家好，大家好，很高興有機緣與大家見面，我是紫玄宮南海觀世音，感謝感謝，我可否先求三寶？感謝感謝。

紫氣白衣觀音現　玄妙一點理天登
宮臺神佛排排坐　南海觀音代謝恩
海水藍藍似我心　觀音菩薩念鄉情
世人之苦觀音聽　音傳我心聞聲救
菩薩心腸人人有　薩埵佛心顯你心
處處有佛有觀音　只要明心又見性
來把好話說出去　捨你後天有形財
得你先天好福氣

我言至此，再次感謝大家。

【代天巡狩】

中華民國壹百壹拾貳年一月三十一日

池王爺曰：

大家好，大家好，我是代天巡狩池王爺，我要先求三寶，感謝感謝。

代天巡狩是我責　天道我接我福氣
巡狩護佑我鄉民　狩心今日終明心
池府王爺有道心　王爺善心重情義
爺腳大門踏出去　來把天事辦好去
王爺回憶世世情　善心德行天有記
來到金門佑鄉民　才有今日天道心

我言至此，再次感謝大家。

【五顯廟】

中華民國壹百壹拾貳年一月三十一日

金府王爺曰：

大家好，大家好，我是五顯廟金府王爺，大家辛苦了，可否先求三寶？感謝感謝。

五府廟裡有喜事　顯現理天真實境
廟堂玄關點我明　金府王爺真福氣
府上眾神聲聲賀　王爺三天自由行
爺心有道智慧顯　任何道理敲你心
人人功夫有不同　只要尊心顯神通
神通用在天事辦　保你先天後天顧

好，我言至此，再次感謝大家，我先退。

【天后宮】

中華民國壹百壹拾貳年二月一日

天上聖母曰：

大家好，大家新年好啊！我是咱天后宮天上聖母，大家辛苦了，今天這個大日子啊！我要求理天三寶，我很感動很感動。

金光閃閃是天團　門前一點我心開
天上母親我思念　后心今日理天回
宮中佛光暖我心　天愛佛子把道降
上天派來天團講　聖母來把天命接
母親重任我扛起　說天談心悟我明
天是父母我是兒　前看天地老中心
今日眾仙來相會　我心感動憶當時
原來天事早安排　佛子東西南北去
個人做好個人事　天上人間今日會

渡我思念原鄉情
我說至此，心裡滿滿的感動，感謝感謝。

#【五嶽廟】

中華民國壹百壹拾貳年二月一日

五嶽大帝曰：

大家好，大家好，我是五嶽廟五嶽大帝，我可否先求三寶？感謝感謝。

五嶽廟裡仙氣滿　嶽山谷底神仙坐
廟門點開金線牽　五嶽大帝理天見
嶽山海地皆天堂　大佛中坐道心明
帝君感謝三寶接　共渡三天我有份
熱熱鬧鬧共商議　久候多時終重現
當日天堂共商議　來把大道救佛心

我言至此，再次感謝大家。

【雎陽著節】

中華民國壹百壹拾貳年二月一日

厲王爺曰：
大家好，大家好，我是雎陽著節厲王爺，可否先求三寶？感謝感謝。

雎陽著節厲王爺　陽光暖暖似我心
著墨今日是何事　節廟原來有大事
厲府王爺接三寶　王心接道明天意
爺心有道有智慧　大道我走暢快行
天上人間何最樂　兄弟姊妹一條心
來把天事辦了去　要把苦心轉佛心

我言至此，再次感謝大家。

【奎閣】

中華民國壹百壹拾貳年二月一日

魁星爺曰：

大家好，大家好，大家辛苦了，我是奎閣魁星爺，我可否先求三寶？感謝感謝。

奎閣魁星爺心喜　閣門天團來開啓
魁星爺王三寶接　星光點點樂我心
爺兒今日明天意　三寶可貴我福氣
原來理天我原鄉　天事努力好好辦
將來回天見母親　天事辦好了我願
因因果果皆我命　事事完成世世清

我言至此，再次感謝大家。

【三聖廟】

中華民國壹百壹拾貳年二月一日

韓府三姓公曰：

大家好，大家好，我是三聖廟韓府三姓公，這裡的磁場太好了，我真有福氣，我要接三寶啊！感謝感謝。

三聖一心同一體　聖身聖心聖靈清
廟門一開天堂見　韓氏子孫天命接
府上福氣世世傳　三天普渡功德立
姓（信）天信地信自己　公心明道一切明
因果大願皆我做　願了心輕責任盡
再把故鄉大路行

感恩感恩，我言至此。

【浯島城隍廟】

中華民國壹百壹拾貳年二月一日

城隍爺曰：

大家好，大家好，我是本殿城隍爺，大家辛苦了，我要先求理天三寶，感謝感謝。

浯島城隍爺心喜　島上眾神齊聲賀
城隍爺啊三寶接　隍心今日天道明
廟裡眾神共福氣　城隍爺來領前進
隍爺佛心渡人心　爺心來把功德立
世上苦人不明理　早已忘記佛子心
來把天意說人聽　悟道明心離苦心
人生來把因果了　再把大道明自心
何等福氣可比擬　天道大路自在行

我言至此，再次感謝大家。

【靈濟寺】

中華民國壹百壹拾貳年二月一日

觀世音菩薩曰：

大家好，我是本寺觀世音菩薩，可否先求三寶？感謝感謝。

靈濟寺裡貴客臨　濟世渡人天賜恩
寺內眾神笑呵呵　南海觀音三寶接
海天一色如我心　觀心觀天有感應
世人有苦我聽聞　音聲救苦苦心渡
菩薩佛心渡佛心　薩土薩心我道心
觀音姐妹有感情　攜手來把眾生渡
事事佛心事事輕　天事之重世世做
佛心渡完渡自己　苦海也成天堂境

我言至此，再次感謝大家。

【昭德宮】

中華民國壹百壹拾貳年二月一日

蘇王爺曰：

大家好，我是昭德宮蘇王爺，可否先求三寶？感謝感謝。

昭昭我心應天心　德慧雙修我福氣
宮裡今日三寶接　蘇府王爺見理天
王爺見了眾觀音　爺心明白真道理
來把天事辦好去　觀音淨土我回去

我言至此，再次感謝大家。

【迴龍宮】

中華民國壹百壹拾貳年二月一日

福德正神曰：

大家好，大家好，我是迴龍宮福德正神，可否先求三寶？感謝感謝。

迴龍宮裡土地爺　龍心福心是佛心
宮裡觀音點我明　福德正神有福氣
德心德性佛心用　正心正意道心堅
神仙有道有真理　渡人苦心有神力
南海觀音是我師　好好學習講道理
天事辦了天命盡　來把責任做好去

我言至此，再次感謝大家。

【福德宮】

中華民國壹百壹拾貳年二月一日

福德正神曰：

大家好，我是南門福德宮福德正神，我要求三寶，感謝感謝。

南門土地公有道　門開求道見觀音
福氣滿滿前世造　德行善心佑鄉民
正氣滿心是佛心　神心神意我道明
廟裡誓願把道辦　福德正神渡三天
德心何意我明白　正心正道我本心
神靈有道有靈氣　鄉民有感轉佛心

我言至此，再次感謝大家。

【海蓮寺】

中華民國壹百壹拾貳年二月一日

釋迦佛祖曰：

大家好，我是本寺釋迦佛祖，大家辛苦了，我可否先求三寶？感謝感謝。

海蓮寺裡三聖佛　蓮前觀音點我明
寺裡無極理天現　釋迦佛祖渡三天
迦佛也是觀音心　佛祖救人用道心
祖上有德有今朝　蓮花池裡現觀音
來把苦海苦心渡　天堂瓊漿玉液飲

我言至此，再次感謝大家。

【香蓮廟】

中華民國壹百壹拾貳年二月一日

註生娘娘曰：

大家好，大家好，我是香蓮廟註生娘娘，我可否先求三寶？感謝感謝。

香水蓮花觀音心　**蓮**池塘中有佛現
廟裡玄關點我明　**註**生娘娘有道心
生生世世傳道去　**娘**娘也有媽祖情
娘心佛心渡苦心　天人共辦好福氣
報答中恩我下願　能盡我力我定行
各司其職一條心　四盤天團我隨行

我言至此，再次感謝大家。

【安德宮】

中華民國壹百壹拾貳年二月一日

雷王爺曰：

大家好，我是安德宮雷王爺，我可否先求三寶？感謝感謝。

安身立命王爺身　德心善行王爺心
宮前天團點我明　雷府王爺三寶接
金府王爺牽手行　康府王爺共一心
府上眾神皆有命　王爺一起來打拼
爺們有道智慧顯　該做何事何事做
莫要蹉跎好光陰　不枉上天恩情報

我言至此，再次感謝大家。

【禹帝廟】

中華民國壹百壹拾貳年二月一日

水仙禹帝曰：

大家好，我是禹帝廟水仙禹帝，可否先求三寶？感謝感謝。

禹帝今日好福氣　帝心明道知天命
廟前天團來點明　水仙禹帝明心性
仙身仙體仙道心　禹帝有道有神力
帝心明白救苦心　離苦得樂我共行

我言至此，再次感謝大家。

【森羅殿】

中華民國壹百壹拾貳年二月一日

萬神爺曰：

大家好，大家好，我是森羅殿萬神爺，可否先求三寶？感謝感謝。

森羅殿裡佛光現　羅心羅神有道心
殿上觀音玄關點　萬神爺心今日明
神仙也是佛子心　爺兒接寶佛子渡
來把天堂現你前　憶起理天我家園
無憂無慮飛天際　滿心喜悅暢無比
上天給我機會明　再造功名辦道去

我言至此，再次感謝大家。

【代天府】

中華民國壹百壹拾貳年二月一日

溫府王爺曰：

大家好，我是本殿溫府王爺，大家辛苦了，我可以先求三寶？感謝感謝。

代天傳令告人間　天降大道是天時
府上眾神齊接命　溫府子孫有道心
金府王爺功德立　池府世世善良行
府前熱鬧來恭迎　王爺有心今日明
爺心懂道也行道　觀音關爺媽祖軍
來把道理謙虛學　再把道心發揚去
有道有位才有力　有形無形渡有心

我言至此，再次感謝大家。

【天后宮】

中華民國壹百壹拾貳年二月一日

天上聖母曰：

大家好，大家好，我是民族路的天后宮天上聖母，我可以先求三寶嗎？感謝感謝。

天有大道人間傳　后有道心天命接
宮中有神今明道　天上聖母來渡心
上有青天下有心　聖母佛心苦海渡
母親思念要兒明　特派佛子下凡來
佛子忘記回鄉路　明盤天團代中意
來把天道說你聽　點你明心憶原鄉
趕緊用心學道理　大道來走來覆命

我言至此，感謝感謝。

【福德宮】

中華民國壹百壹拾貳年二月一日

福德正神曰：

大家好，我是福德宮福德正神，我要求三寶，感謝感謝。

北門福德宮有神　門開神現有道明
福氣滿滿天助我　德心有道道救心
宮前眾神現我明　福德有道真福氣
德心德性有道真　正行正意我本心
神仙明道走三天　渡得三天回理天

我言至此，再次感謝大家。

【武廟】

中華民國壹百壹拾貳年二月一日

關聖帝君曰：

大家好，大家好，大家辛苦了，我是本殿關聖帝君，我要求理天三寶，感謝感謝。

武廟迎賓真歡喜　廟堂香煙人心渡
關聖帝君三寶接　聖賢我作有正氣
帝君兄弟聚一堂　君君英雄惜英雄
來把道理先學習　再把道心渡你明
上天憐我人間渡　氣天神仙渡理天
只等大事三天傳　就待時機變青天
理天佛子悟道先　才能渡人有智慧
將來佛堂好好學　苦心不再佛心顯

我言至此，感謝感謝。

【武孚廟】

中華民國壹百壹拾貳年一月三十一日

關聖帝君曰：

大家好，大家好，我是本殿關聖帝君，大家辛苦了，我可否先求三寶？感謝感謝。

武功人人有一套　孚心有道才是真
廟堂好時天命接　關聖帝君會兄弟
聖心聖行我道心　帝君感恩把道傳
君子有道最福氣　才能大事傳人聽
天團成員有神力　渡仙渡佛渡苦心
有朝一日理天回　再把大恩來言謝

我言至此，再次感謝大家。

【外武廟】

中華民國壹百壹拾貳年二月一日

關聖帝君曰：

大家好，我是外武廟關聖帝君，大家辛苦了，我要求理天三寶，感謝感謝。

外武廟裡有道與　武聖關公護鄉民
廟堂恭迎天團臨　關聖帝君三寶接
聖心三天渡大仙　帝君齊聚把道辦
君心愛民佛子渡　三天世界無邊際
你有天道門門開　來把真理講神聽
神心佛心展神力　文人武士皆有渡
末法時期責任盡

我言至此，感謝感謝。

【宏德宮】

中華民國壹百壹拾貳年二月一日

蘇府三千歲曰：

大家好，大家好，我是宏德宮蘇府三千歲，我要求三寶，感謝感謝。

宏法渡心我責任　德行善心我本性
宮堂承接天道行　蘇府千歲渡三天
府前佛燈點點亮　三千歲心有道心
千千萬萬佛子渡　歲月有我戰功記
此事天事我今明　何等福分我珍惜
趕緊來把道理明　才能渡得功德立

我言至此，再次感謝大家。

【古地城隍廟】

中華民國壹百壹拾貳年二月二日

城隍爺曰：

大家好，大家好，我是本殿城隍爺，我來求三寶，感謝感謝。

古地城隍迎天團　地上人間喜相逢
城隍爺心澎湃想　隍心明道責任扛
廟堂門開走三天　城隍理天見家園
隍心天地任我渡　爺們智慧來共行
少說多做才是真　道心道行大於一
一為何物用心想　事事歸一貫之明
任何道理只要正　深淺看人懂你心

我言至此，再次感謝大家。

【大道宮】

中華民國壹百壹拾貳年二月二日

保生大帝曰：

大家好，大家好，我是大道公保生大帝，可否先求三寶？感謝感謝。

大道何意原鄉來　道心你有如何行
宮裡佛心要能明　保心安心才有力
生命之貴貴在明　大佛用心喜人心
帝心講道引你明　善心善語是真明
保生大帝謝天團　努力辦道救氣天
人心不古雖難渡　有緣自渡隨緣渡

我言至此，再次感謝大家。

中華民國壹百壹拾貳年二月二日

【仰雙巖】

聖侯恩主曰：

大家好，大家好，我是仰雙巖聖侯恩主，我來求三寶，感謝感謝。

仰天問天人生義　雙門開啓點你明
巖山也有好青天　聖心來把天命接
侯爺感動在心田　恩大我報用心學
主人明心才有力　身隨主意走出去
邊走邊學邊明心　人在地做天在看
眼前世界不一般　天人祕密就如此
無形是真渡有形　仔細去想有道理
真心懺悔福慧至

我言至此，再次感謝大家。

【雙峰巖】

中華民國壹百壹拾貳年二月二日

池府王爺曰：

大家好，我是雙峰巖池府王爺，我可否先求三寶？感謝感謝。

雙喜臨門謝天團　峰高有道才是高
巖山峻壁是苦心　池府王爺有道明
府裡滿滿仙佛聖　王爺細聽道何意
爺心來修還道心　來把稟習修了去
現我佛心真快樂　渡人苦心渡自己

我言至此，再次感謝大家。

#【迴向殿】

中華民國壹百壹拾貳年二月二日

北嶽大帝曰：

大家好，大家好，我是迴向殿北嶽大帝，我來求三寶，感謝感謝。

迴向何意說你聽　向你因果懺悔真
殿前誓願天事辦　北極星光引明路
嶽山再高一步登　大小因果隨緣渡
帝心人心世間情　只要明心佛心用
迴向有力世世清

我言至此，再次感謝大家。

【張公宮】

中華民國壹百壹拾貳年二月二日

法主天君曰：

大家好，大家好，我是張公宮法主天君，我要求三寶，感謝感謝。

張公今日接三寶　公心有道今日明
宮前門開見佛心　法主天君理天回
主辦人間天事行　天道才能渡人心
君心明白道真義　事事辦來事事輕
大佛小佛人間過　佛心人心世世過
忙忙碌碌輪迴轉　佛心漸忘人心用
今日明道佛心現　趕緊明白真道意

我言至此，再次感謝大家。

【真武廟】

中華民國壹百壹拾貳年二月二日

玄天上帝曰：

大家好，我是真武廟玄天上帝，我可否求三寶？感謝感謝。

真武廟堂有神道　武功高強渡世人
廟門大開明我心　玄關一點神力顯
天降大任我接命　上天下海我努力
帝心來把人心渡　還你道心知天命
明道只在一瞬間　修心行道要努力

我言至此，再次感謝大家。

【睢陽著節】

中華民國壹百壹拾貳年二月二日

張府厲王爺曰：

大家好，大家好，我是睢陽著節張府厲王爺，我來求三寶感謝感謝。

睢陽著節天命接　陽陽陰陰天道行
著裡本心還你明　節日皆是好時日
張家子孫有福氣　府上人人共渡之
厲府王爺有緣渡　王爺因緣今日牽
爺們齊力天事辦　來把大道救苦心

我言至此，我先退。

【武帝古廟】

中華民國壹百壹拾貳年二月二日

關聖帝君曰：

大家好，大家好，我是本殿關聖帝君，大家辛苦了，我要求理天三寶，感謝感謝。

武帝古廟關爺喜　帝（地）靈人傑有道心
古廟香火佑鄉民　廟堂喜迎貴客臨
關聖帝君天命接　聖佛之心明道心
帝君正氣滿滿是　君心來渡苦人心
理天命令用心做　才能渡回理天佛
趕緊修行修自心　備好你心正佛心
才能渡人有大力　再來大路走回去

我言至此，感謝感謝。

【寶月庵】

中華民國壹百壹拾貳年二月二日

觀世音菩薩曰：

大家好，我是寶月庵觀世音菩薩，我要求理天三寶，感謝感謝。

寶月庵裡觀音喜　月圓映心明我心
庵堂上坐苦心聽　觀音求天給我力
世間冷暖苦海渡　音傳我心渡我明
菩提樹下見道心　薩土有情傳天意
上天要把天堂引　點你明燈大道行
不用言語用心聽　觀音給你暖暖心
那是本靈給你力　路再難走我願意
因為石頭路也平　福心福地我福氣

我言至此，再次感謝大家。

【萬神爺宮】

中華民國壹百壹拾貳年二月二日

萬神爺曰：

大家好，大家好，我是萬神爺宮萬神爺，我要接三寶，感謝感謝。

萬神爺宮萬神渡　神心也是佛子心
爺們因緣天道接　宮門開啓萬神明
萬眾有心大道行　神道天道渡人心
爺們用心學道理　來把因果了了去
再把天命天事辦　脫生了死渡你清

我言至此，再次感謝大家。

【太子殿】

中華民國壹百壹拾貳年二月二日

禮府太子曰：

大家好，大家好，我是太子殿禮府太子，我來求三寶，感謝感謝。

太子殿裡點明燈　子孫有福天命接
殿前觀音點我明　禮府太子有道心
府上府下眾人喜　太子明心又見性
子心有願世人渡　來把福氣傳出去
有福有報功德立　我來珍惜努力行
太子王爺一家親　共辦天事傳道去

我言至此，感謝感謝。

【靈比南方】

中華民國壹百壹拾貳年二月二日

雷府千歲曰：

大家好，大家好，我是靈比南方雷府千歲，我要求三寶感謝感謝。

靈在心坐不見天　比比皆是苦人心
南天玉帝渡人間　方圓百里佑鄉民
雷府千歲天命接　府前三寶接了明
千歲原來佛子降　歲歲月月人間渡
今日明道天命接　三天我渡我有力
眼前世界大不同　陰陽轉你看理天
理天何在我心明　要來回去轉眼間
不要執著放你心　只要善心渡萬情

我言至此，再次感謝大家，我先退。

【浯江書院】

中華民國壹百壹拾貳年二月二日

朱熹曰：

大家好，好久沒聽到有人叫我老師，大家辛苦了，做的事非一般，我們先把天事辦了吧！求得理天三寶還我清真明心，我先求三寶啊！感謝感謝。

浯江書院迎天團　江水濤濤濤我心
書中黃金真道明　院裡蓮花一池香
朱子熹神三寶接　子子孫孫道心堅
祠堂代代明道心　朱氏子孫天堂聚
熹心連天明天意　道學救心重在明
書中字字是珠璣　傳你天道明你性
堂內有神佛心坐　只要用心觀你心
自在佛性樣樣輕　人間也是天堂境

我言至此，再次感謝大家，辛苦了。

【北鎮廟】

中華民國壹百壹拾貳年二月一日

玄天上帝曰：

大家好，大家好，吾乃北鎮廟玄天上帝，我來求理天三寶，感謝感謝。

北鎮廟坐玄天帝　鎮守金門佑鄉民
廟堂天團傳三寶　玄天上帝天道接
天上有我原鄉中　上帝明道有道心
帝心來把眾人渡　天事我辦真福氣
天團辛苦感動天　期待將來共相聚

我言至此，再次感謝大家。

#【佛光山金蓮淨院】

中華民國壹百壹拾貳年七月一日

釋迦牟尼佛曰：

大家辛苦了，我是本殿釋迦牟尼佛，大家真不簡單，我們等金光閃閃的書，他的影響力就算不是很遠，但是會很深。我先求三寶，感謝感謝。

金蓮佛心本自在
淨身淨心淨十方
釋佛待傳天中心
牟尼佛來應天命
事事多變靜你心
天音何來不外尋
越走越來越歡喜
先天做好後天應

蓮花朵朵像天心
院裡堂中顯神力
迦心佛心有道靈
尼心救苦是觀音
用你天心聽天音
本心自在是一體
只因降世為了願
用你神力傳天恩

我言至此，再次感謝大家，大家加油。

護衛四祖老祖師曰：

大家辛苦了，就不用拘束，像聊天。沒有咖啡，但可以聊是非，是非就是我們要聊先天後天的是非，何謂是？何為非？像剛才香香說的：修行在個人，所以是非的定義也都不一樣啊！除非大家的方向是一樣的。我們不要讓大家太累，直接講重點，我剛才都有在聽，其實剛剛為什麼珍珍會問：我們明盤四盤的地址，自己有沒有辦法成立一個協會，當然是，好像有困難，你們才會費盡心思去想，因為心有餘而力不足。

簡單講，如果短期內有需要，我們自己沒辦法做，這是一個變通的方法。只要能做，是好事，都可以做，重點是不能有私心，這是一個做法，另外一個就是我們自己真的不行嗎？如果每個人盡一點的力，盡自己專業的能力，怎麼可能不行？只是事情要有人去做，就這麼簡單。

講得很簡單，出一張嘴巴，當然做比較困難，很多事都要有過程，我們做先天佛子，看任何事都要正面看待，就算一件不好的事情，你可以把它看成一個學習跟教育，就是好事啊！不要批評，因為過去就過去了，如果大家因為這樣學到東西，也是好的。

還有什麼問題？（問：中心要有職權，組織才能做事），我剛才說的，如果你覺得之前沒有做好，不算是件好事，因為沒有組織沒有權利，沒有力量，那他怎麼去改變呢？以前人家看老祖師，看一眼就走了，要錢沒錢，又不帥，對不對？現在有組織嗎？有佛堂嗎？也沒有啊！你們都是傻子嗎？為什麼跟著緊緊的？因為你們要的，不是那些看得到的，表面的，你們心裡面自己知道，我要那個說不出來的，那個是無形的部分。你今天提出來很好，有討論就會有進步，因為你自己在那裡，一直想一直想也得不到答案，真的有的時候是要時間，也許現在就差不多是好時間啊！

殊不知是你的靈感在推你，在這個好機緣，把心裡的話講出來，所以組織權力，其實就是有「心」的人，然後有智慧的人，懂得帶人又帶心，但是代理師跟代理師母，他們很善良，但不夠兇，但為什麼他們是代理師？那個是一個時期一個時期的安排。道理很簡單，什麼是仙佛？什麼是仙佛會做的？就是你該做的，仙佛一定很慈悲，過去我也沒人，願意來我就很高興了。一個不聽話的小孩，自己的媽媽會不會說：你不乖你離開，不可能。

但是有一點，什麼叫做中心的人？中心的人，我們自稱是天團，你如果所作所為沒有天團的樣子，一定是會被淘汰的。那天團要什麼樣子？就是我剛剛說的，你要像佛，不是婦人之仁，你要有智慧，你要有慈悲，見人會說人話，第二句？老祖師若一直都很嚴肅，你們都不會笑，有的人喜歡開完笑，但不能開過頭，重要再強調一次，我們自己做得好，就會吸引到好人，一定是觀音佛道的人做得好，才吸引到他們，不然他們怎麼會來？他們也會有考驗，對不對？

珍珍說過，老祖師不在了，但她還是會在，因為他認的是「道」，而且他下過願，會好好幫代理師、代理師母。其實很多事情，不用太複雜，不要講很多，多做一點。好，其實你們都很聰明，你們剛剛都講到很多重點喔，可能需要留個類似會議記錄，下次才不會忘記了，會議記錄可能要整理一下，好像條列式，下一次再拿出來檢討一下，有沒有進步，有沒有改善，這個就是組織慢慢要做的事情。

我們觀音佛道比較辛苦，所以不要奢望代理師、代理師母要做多少，但是你們的責任就是可以把大家集合在一起討論，來一起有共識，然後去執行。這個很重要，還有沒有問題啊？好像沒有了。（問：大陸哪些地方須要去開荒），先謝謝兩位，你們很重要，以你們的智慧，中心的人稍微討論一下，就去做。漳州和其他像天津，那些都是一個過程，如果說你們覺得例如漳洲有誰在等你們，那就應該去找他，牽引他。

但是如果沒有，他看到觀音佛道沒有錢，沒有東西，Google 一下又找不到，好像去了也沒什麼大用。我不是說沒有意義，渡人都是有意義，只是記不記得，我們其實有一個很重要的責任，就是要渡到理天的佛子，他們是下願來幫人，他們如果回不去，很可憐。知道我的意思嗎？這是為什麼老中娘，一定會希望我們可以找到那些佛子，要讓他們明白，他們一聽到簡單的道理就會知道，也會很感動，有的時候他們可能不知道為什麼，但他們就是會被你們吸引，就是緣份啊！

所以我覺得要把時間精力，花在對的事情上面。以前創業維艱，明盤四盤剛開始時，要人沒人，要錢沒錢，那都是過程，我下次來投胎，明盤就很大了，還有沒有什麼問題？（問：曾經幫忙道場的好朋友，沒有求得三寶就死了，該如何），讓她渡回理天，她可以做更多事情，這個其實是上天本來要做的事。在人世間，我們渡了半天，那個人不一定要，但是為什麼氣天仙佛很好渡？因為他們都知道啊！

好，還有沒有？（問：八月份開始，大陸先從自己公司的員工上心經），很好啊！這樣你就是一個好老闆，你的員工不一定在這一世就會感謝你，但下一輩子知道，應該就會感謝你。你們有現成的員工可以聽課，或現存的資料的宮廟可以去，就不像我們那個時候，走在十字路口，不知道往哪裡走，所以這都是鋪路。如果沒有過去那些，雖然沒有成效，還是不斷的做，才能認識你們。所以很多事情都有安排的喔！

每個人做每個人現階段該做的事，我再強調一次，不要講太多，多做一點就好了，一件事把它做好就好了，法王有法王的責任，代理師母有代理師母的責任，三才有三才的責任，每個人有自己的責任，但是思考一下，你有沒有做好？這個時候我就比較嚴肅一點，因為這個牽扯到責任，而且跟你們講責任，是在幫你們，不要渾渾噩噩過日子，等到年紀越大，越發現好像還有很多責任未了。

還有沒有問題？（問：去漳州的人選），不同的人有不同的作法，但是很重要就是記得，你們代表的是觀音佛道，不是代表個人，然後只有真的懂道的人，他會被真的懂道的人吸引。我這樣講，你們聽得懂嗎？我們讓人家覺得，這個人我喜歡，那我就很願意聽他說，然後真的還蠻重要的，現在時代不同了，跟私事分清楚一點，好好的去努力，你在努力的過程中，有緣人出現的話，記得我們要重質不重量，有緣人出現的話，他比較能聽得懂，你就可以多講一點。這個時代，你撒大網，也釣不到好魚。

（問：道親生病的事），很多事情有因果，有業力，有福報，有功德，做對的事情就對了，有心蓋佛堂，中心要給支持，所以我們就佛渡有緣人，做對的事情，不要浪費時間。因為你們現在不一樣了，大家互相討論，有的時候各退一步，整個團體是前進一大步。好，我講完了，

還有沒有別的問題？（問：從理天來的人有什麼特質），在座很多都是理天來的，有什麼特質？有比較帥，比較美嗎？這樣子說好了，佛渡有緣人，我們現階段先渡有緣人，理天佛子他聽得懂觀音佛道講的道理，有人聽不懂啊！覺得那是什麼？聽不懂就算了，但是如果是理天佛子，他可能因為你一句話，他的心感動，掉眼淚。為什麼掉眼淚？因為你打到他的內心，這是一個很好判斷理天佛子特質的方法。另外，不要看不起人家的外表，比較醜，比較沒錢等，所以是用心去看他的心，而不是用你的眼睛看他的人，我有解答嗎？

還有沒有問題？（問：修子是否能回到理天），有一個重點，我們在渡人的時候說，求得觀音佛道三寶，直登理天，所以他是遊走三

天。但不是求得三寶後，就可以做壞事。求三寶是一種緣份跟福氣，有時後是緣份，剛好求得三寶，你有做那麼好嗎？不一定。現在已經是末法，能救多少算多少。聖訓有一篇二篇打動到人，就功德無量了，我先退。

烈嶼鄉

【小金門拱福宮】

中華民國壹百壹拾貳年七月一日

朱府王爺曰：

大家好，大家好，我是拱福宮朱府王爺。大家辛苦了，今天來辦大事情，非常感恩，我要先求理天三寶，感謝感謝。

小小世界通天門　金光閃閃引我行
門前喜迎天團臨　拱福宮裡眾神喜
福氣何來因緣聚　宮堂好時接天命
朱府王爺代謝恩　府上祖先共享德
王爺道理用心說　爺心也是大佛心
來把真理說人聽　人生短短明道理
道路不平才能行　兄弟姐妹共一心
牽手唱歌鄉路行

我言至此，再次感謝大家。

【大膽寺】

中華民國壹百壹拾貳年七月一日

觀世音菩薩曰：

大家好，我是大膽寺觀世音菩薩，我要先求理大三寶，感謝感謝。

大海無邊何處去　膽大四方努力行
寺裡迎來天團員　觀音佛母說我聽
世界之大終有歸　音敲你心可聽明
菩薩天命何意義　薩心明道了願行
天時已至勤學習　用心來做人有應
磁場相近有緣聚　無緣之時放下去
把握好時好人聚　談談天事一身輕

我言至此，再次感謝大家。

【北安寺】

中華民國壹百壹拾貳年七月一日

玄天上帝曰：

大家好，大家好，我是北安寺玄天上帝，可否先求理天三寶？感謝感謝。

北極星光閃閃閃　安分之心澎湃聽
寺前神佛千萬聚　玄關一點瞬間明
天上母親急律令　上帝之門佛心引
帝君今日下願行　眾仙眾佛大願力
名留青史代代傳　何等意義我今明
人心之苦苦不行　來把大路走出去
好人好緣自相引　佛燈點點是天鄉

我言至此，再次感謝大家。

【北山寺】

中華民國壹百壹拾貳年七月一日

媽祖娘娘曰：

大家好啊！我是北山寺媽祖娘娘，我要先求理天三寶，感謝感謝。

北門南門皆是路　山上明心引你行
寺中有神有佛心　媽祖娘娘明真理
祖脈相傳有意義　娘娘從今天道行
娘心有道有神力　渡人明心脫苦心
四鄉五島天團行　眾仙眾佛來助你
打開經書像算命　此篇聖文引你明
訓文千百有緣見　點你明心有福氣

我言至此，再次感謝大家。

【大膽島福德正神】

中華民國壹百壹拾貳年七月一日

福德正神曰：

大家好，我是大膽島福德正神，我先求三寶，感謝感謝。

大膽島裡福神喜　膽島今日真福氣
島天島地見祥雲　福德正神有天命
德心德行德人救　正心有道智慧顯
神心佛心皆愛心　來把苦人轉佛心
短短七字意義深　幾篇幾頁講不明
邊走邊學勤努力　收獲有感我心明

我言至此，再次感謝大家。

【二膽島澤佑群生】

中華民國壹百壹拾貳年七月一日

媽祖曰：

大家好，我是二膽島澤佑群生媽祖，大家辛苦了，我先求理天三寶，感謝感謝。

二三四五缺一明　膽島媽祖接天命
島前天兵天降臨　澤佑群生有意義
佑鄉佑民要救心　群生苦心才離苦
生命意義因果行　媽祖誓願傳天意
祖脈天道代代傳　先人腳步我隨行
有心不怕煩心擾　德慧雙修我福氣

我言至此，再次感謝大家。

【烈女廟】

中華民國壹百壹拾貳年七月一日

清璇娘娘曰：

大家好，大家好，歡迎光臨烈女廟。我恭候多時，藉此機會除了感謝天團成員，也感謝總幹事，我們烈女廟很靈，有道更興。我先要接寶，天團成員要送我大寶，理天三寶。感謝感謝，原來天是這麼大，天外又有天，我竟然能遊走三天。

烈女玉蘭有道心
廟堂喜迎眾神靈
璇璣道心一貫之
娘在廟中高堂坐
天上母親降甘霖
順天應命早安排
命裡有數我努力

女中豪傑佛心用
清璇娘娘有福氣
娘娘喜傳天旨令
聽見苦人苦心訴
音傳十方道還你
天上人間牽手行

我言至此，再次感謝大家。（問：廟務的事）

你我緣份深深深　我心你明不用問
天上下願人間聚　本是姐妹一家親
明白真理是何義　天是父母你是女
來到人間了因果　再把大願來實現
什麼大願點你明　要接三寶共一心
明白真理是何意　頓悟只在一瞬明
人生苦短好路行　道路越走越順心

其他事，可以請我們天團講你聽。是來了願，加油！再次感謝總幹事。

【關聖廟】

中華民國壹百壹拾貳年七月一日

關聖帝君曰：

大家好，大家好，好高興，好高興呀！我是關聖廟關聖帝君是也，剛才好感動，我好男兒淚差點掉下來，天上人間能相聚，多少安排機緣定。我先要求理天三寶，感謝感謝。

關關難過關關過　聖心終有感動天
廟堂久候天團臨　關爺好日好時定
聖事聖人天人辦　帝君喜見兄弟臨
君心有道走三天　人間共辦大事情
何謂大喜今日見　明白責任細思量
人心之苦苦道理　唯有明白真道理
苦心不再見日出　又是一個好時日

我言至此，再次感謝大家。

#【清水祖師廟】

中華民國壹百壹拾貳年七月一日

清水祖師曰：

大家好，大家好，我是清水祖師廟清水祖師。我要先求理天三寶，感謝感謝。

清（青）山綠水終有變　水映明月常存心

祖訓有道是真理　師承先賢順天命

廟堂接寶玄門開　清（青）青草原憶原鄉

水聲潺潺是天音　祖脈相傳責任扛

師徒牽手把道傳　人生幾何有緣聚

天上人間一條心

我言至此，再次感謝大家。

【關聖太子廟】

中華民國壹百壹拾貳年七月一日

關聖帝君曰：

大家好，大家好，好高興，好高興啊！我乃關聖太子廟關聖帝君是也，我要求理天三寶，感謝感謝感謝。

關門已久佛心隱　聖心難顯神心苦
太子廟前祥雲現　子心澎湃有感應
廟門玄關一點明　關聖帝君終明心
聖心無礙遊三天　帝君今日見理天
君臣子民一家親　你心有道有機緣
迎來天團講你明　世間何物有真意
金銀財寶後天用　救人苦心功德立
才是大願真了時

我言至此，再次感謝大家

【朱府王爺廟】

中華民國壹百壹拾貳年七月一日

朱府王爺曰：

大家好，我是朱府王爺廟朱府王爺，大家辛苦了。我先求理天三寶，感謝感謝。

朱家子孫有道心　府上先人聖賢行
王爺來把天意傳　爺心明白天時緊
廟堂有福三寶接　朱家天命傳下去
府上點點佛燈亮　王者道心理天來
爺走天道順天意　真道要用兩腳行
以身作則最有力　人人個性人人異
只要順天來應命　都是人間好兒女

我言至此，再次感謝大家。

【仙祖宮】

中華民國壹百壹拾貳年七月一日

李鐵拐仙祖曰：

大家辛苦了，我是本宮李鐵拐是也，我先求理天三寶，感謝感謝。

仙府堂上仙人坐　祖脈傳燈今日接
宮堂今日現祥瑞　李氏子孫有福氣
鐵血柔情有道心　拐杖一指點你明
仙人有道理天登　祖孫代代福報享
神仙凡人皆一般　因果大願劇本演
莫要怨天又怨地　把持心中天道心
事事皆是好事情

我言至此，再次感謝大家。

【天師宮】

中華民國壹百壹拾貳年七月一日

張天師曰：

大家好，大家好，我是張天師，大家功德無量，我要求理天三寶，感謝感謝。

天降大道是何義　師傳天道了願時
宮裡玄關一點明　張氏子孫應天命
天上下願我了願　師兄師姐牽手行
金光閃閃是神話　字字珠璣敲我心
原來道理非一般　五教聖人皆一樣
接命來把天道傳　理天佛子共努力
早日渡回天子心

我言至此，感謝感謝。

【關帝廟】

中華民國壹百壹拾貳年七月一日

關聖帝君曰：

大家好，我是關帝廟關聖帝君，我先求理天三寶，感謝感謝。

關門修行是過去　帝心明道接天命
廟中自有黃金理　關聖帝君順天意
聖心自會用心做　帝君隨師隨緣走
君王子民得道先　責任扛起一條心
盡力人事渡有緣　雜音煩語非你用
佛心佛行才是真

我言至此，再次感謝大家。

【萬聖宮】

中華民國壹百壹拾貳年七月一日

萬聖爺曰：

大家好，我是萬聖宮萬聖爺，我先求理天三寶，感謝感謝。

萬聖有緣接三寶　聖心點明登理天
宮堂大門走出去　萬聖爺神遊三天
聖賢道理待學習　爺兒懂道漸漸明
紅塵俗世非真境　理天自在才真意
快把天事辦好去　回天繼續兒時憶

我言至此，感謝感謝。

【三玄宮】

中華民國壹百壹拾貳年七月一日

太子元帥曰：

大家好，大家好，我是三玄宮太子元帥，我要求理天三寶，感謝感謝。

三天何在今日見　玄關門開天堂現
宮內佛心接天心　太子元帥登理天
子（只）問天命是何物　元神人心兩相應
帥氣我身把道傳　天命就是了責任
延續不停把道傳　原來懂道是神通
元神佛心兩氣合　遊走十方慰人心

我言至此，再次感謝大家。

觀音佛母曰：

大家好！猜猜我是誰！（眾答觀音佛母）大家辛苦了，我們就像在理天一樣，輕鬆一點聊天事。盡量大聲一點好吧，還是要感謝我們天團成員，你們知道自己功德有多高嗎？你們該做的啊！但是，你們讓很多氣天神昇華，直登理天。珍珍還有香香應該可以體會那種感覺，你們好像有回去過，那才是我們的原鄉。什麼都沒有，也什麼都有，希望那個變成動力，讓大家知道有所期待也有所努力。因為苦心人，其實不是真的苦，只是自己放不掉，我們可以把一顆苦的心昇華不再苦，那不就是直登理天了嗎？

所以要帶著一顆理天的佛心來救世人，所以我們有吃有喝，快快樂樂，這才是理天的生活啊！好，換你們了，什麼問題都可以提出來。（問：佛寺排斥道教借竅扶鸞，也沒理天概念，如何與之交流），首先，大家不需要用道教或任何宗教立場，來面對佛寺，因為本來就不是，用別的任何其他宗教來面對佛寺。

其實大家都一樣講的是道，只是佛寺佛教他們的理論，需要懂的一些佛教的理論，才不會被他們考倒，當然也不要去批評佛教，引起對立。我們重點放在大家共同的理論，大家想要渡人心的目標這些都是一致的，所以你想要渡別人，先渡自己，放下自己的我執，去講別人聽的進去的話，問題就解決一半了，如果有的佛寺拒絕你們，當然就是佛渡有緣人，這麼大的地方，這麼多的佛寺，也不是每間佛寺都有辦法接受。其實就像今天，在佛光山的那間佛寺，要不是有一些巧安排，也許會碰到一些困難，但是你們在做，上天也在做啊！

就是大門打開走出去，這兩天的聖訓頗有意思，可以好好討論一下，思考一下不同的視野，看這些訓文，看到是不同的東西喔，我這樣有回答到你嗎？（問：修行能否改變後天命運），請問入了觀音佛道就會改變你的壞運嗎？不能只是「入」，重點是沒有「修」是沒有用的。為什麼好像做了很多，但真的可以改變後天的命運嗎？什麼事情可以改變那個「數」？是不是「德」，對不對？但是需要多久的時間，而且一定可以改變嗎？例如有位道親他的狀況一直沒有辦法改善，要怪觀音佛道嗎？要怪觀音佛祖嗎？

所以不要去跟別人講：入了觀音佛道可以改變你，但是你可以講：你好好的學習，最重要的是你自己有很大的力量，可以改變很多事情。這些都不是別人幫你或給你，才可以有所幫助，而是因為你了解了，你理解了，你終於有自己的能力去改變自己的命運。不是說旁邊的人不重要，貴人是很重要的，只是真正重要的，還是自己。當你因為有所領悟，改變了你的心，改變你的想法與行為時，才能逐漸改變命運。

例如婚姻的事，大家盡人事其他聽天命，不用煩惱啊！有不一定比較好，沒有不一定不好。但是，我們要存著，其實回歸一切，原本愛真的是一切的答案。什麼是愛？老申對我們的愛，父母對子女的愛，朋友之間的友愛，道親之間的關愛，就是這些愛的能量，推著我們要快點去做救人心的事情。

因為你的心不苦，你看著別人心這麼苦，無能為力，所以就引導他去明白。所以在跟別人談的時候，講法很重要，千萬不要講：你相信我們，你會改變，你的運會變很好，這一些都不要講。因為他不願意，裝睡的人是永遠叫不醒的，老師再厲害，去考試的還是學生自己啊！所以還有在裝睡的快點醒過來。

（問：為何很多年輕人信有神力的宗教），你們認同嗎？末法時期大好大壞就是這樣，太多奇奇怪怪的事情，如果用常理來看，解釋不來，真的這就是一個考驗人心的時代，這也是為什麼觀音佛道不需要太富麗堂皇的佛堂。被吸引來的人，如果是被這些富麗堂皇吸引來的，程度只是一般般，但如果他是內心有所感動，他有所感應，這個層級就好像氣天、理天的層級不一樣。但是我們不能去跟別人說：我們就是理天，我們就是最好，所以講話要有智慧。剛才講了你要去說服佛寺的人，你要去說服一個人，你要講他聽得進去的話，這就是智慧。

真的渡來了，慢慢的他懂了，進來之後自己慢慢認同了，也都有感覺。說服他們的是什麼？其實就是那個對的事，對的理。所以珍珍為什麼很想要有佛堂？其實她自己知道，沒有這麼多錢也沒有多大的力量，但是是她內心，就是一個很想要能夠告訴世人：自己的心自己救，而且是有能力救。每個人都有很大的力量，這個世間就少了很多奇奇怪怪的事情，我們也不用去煩惱那些事情。有的時候是大環境，也不是我們能改變的，我們就做好我們可以做的事。

你們在走，其實你們的先天都在牽引著你們呢，絕對不是你們後天自己在走而已，每個人都是天人合一。文麗覺的這一次仙佛來批訓有沒有什麼不一樣？其實對珍珍來說，她自己有感覺，因為他放得更鬆了，一切就是自然，不要有太大的壓力，來救人心是一件很快樂的事情，回報是什麼？回報就是自己更快樂啊！因為你們求的，不是真的自己更快樂，而是你們的願力，可以實現。簡單說，就是這樣。因為大家都是天人合一啊！

（問：大陸洛陽有拜無生老母，這跟老㚷娘有何差異，及如何渡佛寺宮廟之人），你們有人看過老㚷娘？或聽過有人說他看到過老㚷娘嗎？沒有對不對？但是的確有人說看過，但是老㚷娘是看的到的嗎？肉眼看不到，其實心眼也看不到，但是就是知道。所以不管在任何場所，有看到有人拜或提到老㚷的，絕對不是老㚷娘，也就是他們拜的其實是氣天神。至於渡佛寺宮廟，原則上好的因緣我們就提拔祂，所謂提拔也就是渡祂們；不好的，所謂不好的，其實多半是人做不好，神不敢做不好，不好的就等待因緣。

還有沒有別的問題？（問：氣天神能否在開荒時幫我們建立一個立足點），我問大家一個問題，渡了馬祖，渡完了金門，還有澎湖要去，如果沒有一個點，你知道上天沒有辦法幫你，在這一些地方找一個點，所以你就不做了嗎？你為什麼要繼續做？這一些問題，及你們剛才講所有問題，都不是氣天神的問題，都是人的問題，都是後天，人的問題。

例如馬祖的真武老祖，很想入明盤一起打幫助道，但主事者個人的問題，最終無法如願。我們剛才講的佛渡有緣人，接下來剛剛提到的，是不是可以在例如金門有個點，這些事情也都是須要天人共同合作，神人共辦下才能完成。這麼多過去的經驗告訴我們，很多事情是需要長期的安排，沒有老祖師過去走的路，就沒有現在有機緣，大家聚在一起辦天事。

也許大家是在為我們的下一輩子，甚至下下輩子做準備，但是不用擔心這麼多，一切都是了願而已，就是做你們該做的事。人的成長就是從人心變成佛心，這個佛心除了愛心，還有就是智慧心，錯的事，錯的方法，可以不要再重複犯錯嗎？犯過錯了，下次就修正變更好，這個就是成長的祕密。沒有改善，怎麼會有那個更善的結果？不管年紀，不管背景，只要願意改善。改善真的不簡單，因為要改變自己的藏在七識、八識裡的東西很難，但身為天團的成員，要有勇氣去嘗試改變。

用想的很困難，有時候想太多，擔心太多，怯步不前，反而就是去做了，才發現也沒有想像中這麼難。大家都是有生活經驗的人，什麼人沒看過，什麼苦沒吃過，但不要重複犯同樣的錯誤，就要恭喜各位，因為你成長了。

剛才講到天人合一，當天人合一時，人會有堅定想法，其實也可以算是為人最高的境界了。你們知道你們要的，其實不是那些金山銀山，那些不一定對你有幫助，重要的是，你該有的你就會有；你不該有的，你就不會有。我本來就是兩手空空的來，有形是空空的來，無形是滿滿的因果跟願力啊！明白了吧！

（問：修行要先看五教中哪些經典），不用想說精進或怎樣，每個人的程度不同，若要去跟不同宗教的人應對，就要懂得其他宗教的講法。其他人你如果有機緣看到，不管是基督教、回教、佛教有機緣的話，看到五教的經典怎麼說，一切只要是符合天道，都是好的，因為，他們也都是老申派下來救人心的。

你如果有機緣看了其他宗教的經典，發現道理是一樣的，你就應該會很感動，因為我們在天道觀音佛道，學的就是真道，跟任何宗教不會有衝突或違和，看哪個經典就看緣份啦！你在道教就看道教的書，你在基督教你可以看基督教的書，有機緣去涉略一下其它宗教的都可以啊！老祖師為什麼要做不同宗教的卡片？為什麼不同宗教有不同的講法？這就是智慧。你想要打入別人的團體，要用他聽得進去的話，你打著你自己的旗子說：你要歸順於我，人家只會把你趕出去啊！

所以，要用智慧，以身作則。我們看到香香，她非常努力的做她的事情，人家自然被她感動，這就是以身做則。大家如果看到志善跟以前不太一樣，會不會被他感動？其實，志善只是找到了自己啊！珍珍進入四盤之後，道務工作她從來沒有拒絕過，因為他的本靈早就等著她會合，他自己也是順著那個感覺去學習、了解，然後天人合一，做該做的事情。

重要的是，要快快樂樂在世間，就要像在理天的心，快快樂樂一樣，若把法王關在家裡，他才不快樂，所以他要寫書來抒發。那個一心想要傳道的那個意念，因為他下來就是要做這些事，你叫他不做那很痛苦，我講完了。

還有別的問題嗎？（問：超拔之事），今天不是在討論建利他妹妹的事，為什麼在地府被超拔之後而能成為神？很簡單的道理，聽我一講你們就懂了，接三寶直登理天對吧！就算是亡靈，他有機緣求天道三寶，他是不是也可以直登理天，這就是末法時期，佛渡有緣人。真的是這樣，重要的是，他後面有沒有做好，有沒有好好學習。

她登了理天，請問她比一般沒有求三寶的氣天神，是不是更高啊！所以他做菩薩一點也不奇怪，還有也許他的過去，也可能很輝煌啊！有機緣碰到觀音佛道超拔，絕對不是巧合。想超拔至親好友，就找時間安排，因為你想到他，對他們來說，像飛的一樣，一下就會來。他說他要謝謝你，他很感謝你，他也很感動，它說會好好做的，還有問題嗎？大家辛苦了。

【忠仁廟】

中華民國壹百壹拾貳年七月二日

關聖帝君曰：

大家好，大家好，我乃本殿關聖帝君是也，我可否先求理天三寶？感謝感謝。

忠肝義膽是本性　仁心德性佑鄉民
廟堂今日貴客臨　山根點我三寶接
西天東天皆我鄉　夫子今日見兄弟
子子孫孫代代傳　關爺道心永不斷
聖心來把佛心顯　帝君了願世人渡
君子有道是真義　智慧渡世才是真
關爺也有觀音心　觀音也有關爺氣
彼此努力勤學習　來把責任完成去

我言至此，再次感謝大家。

【忠義廟】

中華民國壹百壹拾貳年七月二日

關聖帝君曰：

大家好啊！吾乃忠義廟關聖帝君是也，我要先求理天三寶，感謝感謝。

忠字心坐道在心　義字我扛走人間
廟堂今日見理天　關聖帝君聖賢心
聖人聖在佛心用　帝君今日見本性
君臣子民有故事　因因果果未了時
天時急迫時局變　是非顛倒天考驗
把持道心一切安　有緣牽手共回天

我要再次感謝大家，期待再相會。

【王公廟】

中華民國壹百壹拾貳年七月二日

劉府王公曰：

大家好，大家好，我是王公廟劉府王公，我要求理天三寶，感謝感謝。

王者中間十字點　公道正義用佛心
廟堂上天慈悲給　劉府王公鄉民佑
府前異象顯神蹟　王公有感天恩降
公正有道是陰陽　先天後天能兩全
仔細思量路怎走　謙卑學習聖賢行

我言至此，再次感謝大家。

【保障宮】

中華民國壹百壹拾貳年七月二日

玄天上帝曰：

大家好，大家好，我是保障宮玄天上帝，我先求理天三寶，感謝感謝。

保你心性大路走　障心皆是後天憂
宮裡兩口說業障　玄關點我一切明
天恩難報我努力　上下奔波傳天旨
帝心明道真實義　努力來報老中恩
早日來把責任了　世間苦海也天堂

我言至此，再次感謝大家。

【真武廟】

中華民國壹百壹拾貳年七月二日

玄天上帝曰：

大家好，大家好，吾乃真武廟玄天上帝，我要先求理天三寶，感謝感謝。

真真假假誰人知　武藝高強傳天意
廟堂弟子接旨令　玄天上帝助道去
天上人間一線牽　上馬十方鞭策行
帝心明白玄妙意　道理不同一點明
在天在地皆無礙　心有天道樣樣行

我言至此，再次感謝大家。

【慈孝宮】

中華民國壹百壹拾貳年七月二日

觀世音菩薩曰：

大家好，大家好，我是慈孝宮觀世音菩薩，大家辛苦了，我先求理天三寶，感謝感謝。

慈眉善目是觀音　孝子見中淚兩滴
宮前現出天堂境　觀音佛母引我行
世間只是夢一場　音傳天際震我心
菩提樹下瞬間明　薩土黃金鋪滿地
原來一切皆是命　唯有明白真道意
佛心來顯才有力　來把苦心渡天心

我言至此，再次感謝大家。

【保生大帝廟】

中華民國壹百壹拾貳年七月二日

保生大帝曰：

大家好，我是保生大帝廟保生大帝，我先求理天三寶，感謝感謝。

保生大帝真歡喜　生命真義要明心
大帝有道接天命　帝心行道顯佛心
廟堂神佛齊相聚　保生大帝共商議
生死大事了願時　大佛小佛皆佛心
帝君今日見理天　責任更重肩扛起
世間變化急如風　只因時短需有力
墨守成規非今法　懂得變通好路行
只要天道救我心　一切皆是好事情

我言至此，再次感謝大家。

【上庫天后宮】

中華民國壹百壹拾貳年七月二日

天上聖母曰：

大家好，我是天后宮天上聖母，我先求理天三寶，感謝感謝。

上天慈悲降甘霖　庫存靈糧何時盡
天傳旨令把道接　后心明白有緣聚
宮裡滿滿理天佛　天人大事今日辦
上天下海任我行　聖母有道事事清
母恩我報再努力　觀音媽祖心相應
來把兄弟姐妹牽　天道我行步輕盈

我言到此，再次感謝大家。

【萬神爺宮】

中華民國壹百壹拾貳年七月二日

地藏王菩薩曰：

大家好，我是萬神爺宮地藏王菩薩，天團辛苦了，我們真有福氣呀！我要先求理天三寶，感謝感謝。

萬神也是萬佛心　**神**心一點通天際
爺心有道今日明　**宮**前迎神感涕零
地藏王來三寶接　**藏**心大佛展大力
王者有道來救心　**菩**薩瞬間理天登
薩天有道薩地傳　天地終有一貫行

我言至此，再次感謝。

【三代宮廟】

中華民國壹百壹拾貳年七月二日

三代公曰：

大家好，我是三代宮廟三代公，我先求理天三寶，感謝感謝。

三天遨遊非夢境　代天傳道有責任
宮心有道今日明　廟裡香煙佑鄉民
三代公心誠恐懼　代天行道要努力
公事私事先後行　來把大願快執行
一切皆是早安排　天團來把道心引
上天慈悲佛子救　脫離苦海心自在

我言至此，感謝感謝。

【厲王爺廟】

中華民國壹百壹拾貳年七月二日

厲王爺曰：

大家好，我是厲王爺廟厲王爺，大家辛苦了，我要求理天三寶，感謝感謝。

厲王爺奔忠仁廟　王爺喜接三寶禮
爺心感動見原鄉　廟堂男兒淚兩行
厲家子孫真福氣　王爺有道今日明
爺們行事用佛心　來把天恩傳出去
天上人間皆福氣　人心不再苦哈哈
明道行道樂無比

我言至此，再次感謝大家。

【李府將軍廟】

中華民國壹百壹拾貳年七月二日

李府將軍曰：

大家好，我是李府將軍廟李府將軍，我要先求三寶，感謝感謝。

李府將軍見觀音　府前眾神喜相聚
將軍有功有今日　軍心也有大佛心
廟堂人間安身處　李府將軍聽苦心
府上明燈點點亮　將有大力傳天令
軍心有道苦心救　爺兒立功母恩報
原來人間真實義　因果了去責任行
末法時期有緣渡　無緣留給後世清

我言至此，再次感謝大家。

【顯靈宮】

中華民國壹百壹拾貳年七月二日

白府將軍曰：

大家好，我是顯靈宮白府將軍，大家辛苦了，我要先求理天三寶，感謝感謝感謝。

顯靈宮前見天光　靈山底下點我明
宮前今日眾神臨　白府將軍真福氣
府上有德子孫報　將軍有道今明心
軍心佛燈點點亮　要把天道傳下去
一切安排順天意　天人共辦無上喜

我言至此，再次感謝大家。

【中墩真武廟】

中華民國壹百壹拾貳年七月二日

玄天上帝曰：

大家好，我是中墩真武廟玄天上帝，我要求三寶，感謝感謝。

中天玉帝來引領　墩前滿滿是觀音
真神堂中點玄靈　武功收起傳道去
廟前眾神齊商議　玄天上帝仔細聽
天降大任來助道　上報老中我應命
帝君千百力量聚　觀音媽祖有神力
眾仙眾佛助天團　智慧大開路漸平
先天後天佛心用　兩岸天地一家親

我言至此，再次感謝大家。

【祖師公廟】

中華民國壹百壹拾貳年七月二日

祖師公曰：

大家好，大家好，我是祖師公廟祖師公，我要先求理天三寶，感謝感謝。

祖脈傳燈天命續　師承前人天道傳
公心今日明天意　廟前喜接理天寶
祖師何意有道真　師師密付心法傳
公兒今日入明盤　天人共辦承天運
從古至今天愛兒　降道世間意義深
先聖先賢知天恩　不辭辛苦說人聽
天團今日走先路　意義之深道脈延
末法時期巧安排　心裡有感與天應

我言至此，再次感謝大家。

【聖武廟】

中華民國壹百壹拾貳年七月二日

關聖帝君曰：

大家好，大家好，我是聖武廟關聖帝君是也，我要先求理天三寶，感謝感謝。

聖心聖情是佛心　武聖關公有道義
廟堂門開見理天　關爺感動報天恩
聖人有道有神通　帝君有道越古今
君心澎湃不一般　何來福氣理天登
真道意義難說明　心裡明白見本性
那是我本真實身　不明不白糊塗過
從今爾後用真身　先天後天兩顧全

我言至此，再次感謝大家。

【青雲祖師公廟】

中華民國壹百壹拾貳年七月二日

青雲祖師曰：

大家好，我是青雲祖師公廟青雲祖師，大家辛苦了，我要先求理天三寶，感謝感謝。

青天白雲撫我心　**雲**飄日出見天恩
祖師有福聖賢行　**師**傳道理要學習
公公正正是天律　**廟**裡乾坤一點明
青雲祖師細思量　**雲**聚雨落是日常
祖師日常要用心　**師**恩我報眾相議
事事用心棄稟習　才能還我原本心
才有大力傳道去

我言至此，再次感謝大家。

【下田真武廟】

中華民國壹百壹拾貳年七月二日

玄天上帝曰：

大家好，我是下田真武廟玄天上帝，我要先求理天三寶，感謝感謝。

下凡人間為了願　田中一點我明心
真道今日天團點　武帝見天又有天
廟前天上顯異象　玄天上帝明天意
天降大道救人心　上天下地我共行
帝君好好勤努力　來把真道傳人聽

我言至此，再次感謝大家。

#【田府廟】

中華民國壹百壹拾貳年七月二日

田府元帥曰：

大家好，我是田府廟田府元帥，大家辛苦了，我要先求理天三寶，感謝感謝感謝。

田府元帥迎貴客　府前滿滿是佛仙
廟堂責任一肩扛　田家子孫功德立
府上祖先是聖賢　元帥才能有今日
帥氣第一有道心　再來努力把道行
天上人間皆一樣　順你心想走你路
因為天人是一體　無上功德今日起
我入天道意義深　祖脈傳燈我有份
趕緊求天來安排　理天佛子來點明
好迎未來歸鄉時

我言至此，再次感謝大家。

#【釋迦佛祖宮】

中華民國壹百壹拾貳年七月二日

釋迦佛祖曰：

大家好，我是釋迦佛祖宮釋迦佛祖，我來求理天三寶，感謝感謝。

釋迦佛祖接三寶　迦佛平心心應天
佛心今日明天道　祖脈傳燈隨師轉
宮前五教聖人迎　釋迦佛祖明天意
迦身迦心皆道心　佛道一家牽手行
祖師現前來道喜　相擁相泣願了時
五教聖人應天命　好時好日好事情
上天旨意聖人知　莫要固守舊腦筋
此路不通回頭看　原來我路是我走
懂得變通事事行

我言至此，感謝大家。

#【北極上帝廟】

中華民國壹百壹拾貳年七月二日

玄天上帝曰：

大家好，大家好，我是北極上帝廟玄天上帝，我要先接理天三寶，感謝感謝。

北極星光照我心　極天極地皆我境
上天降道救人心　帝心明道真實義
廟前迎來天命降　玄妙自在理天性
天地我遊有緣渡　上天下海十方渡
帝心佛心展神力　天團成員有道心
天人共辦氣天渡　理天一遊見原鄉
一切自在我心田　目標明確我努力
將來對岸救人去

我言至此，再次感謝大家。

【九天玄女廟】

中華民國壹百壹拾貳年七月二日

九天玄女曰：

大家好，我是九天玄女廟九天玄女，我要先求理天三寶，感謝感謝。

九天玄女三寶接　天上人間渡回天
玄妙之處誠可貴　女心瞬間現佛心
只想快快把人渡　一起共享自在心
人間苦心苦不明　明心見性是真意
苦心來轉佛心用　來報中恩故鄉情

我言至此，再次感謝大家。

【庵頂天師宮】

中華民國壹百壹拾貳年七月二日

張天師曰：

大家好，我是庵頂天師宮張天師，我要先求理天三寶，感謝感謝。

庵頂張氏天師喜　頂禮老中謝天恩
天是我母我是兒　師教我遵聖賢行
宮前下願來助道　張家有道有天命
天地無邊無邊渡　師徒牽手向前行
代代祖脈來延續　承先啟後責任盡

我言至此，再次感謝大家。

通明中院關聖帝君曰：

大家辛苦了，好，有什麼事情一一道來。（問：清口是不是修道的必要的條件），我先講吃素清口要清到什麼程度，三才之前吃葷食就會不舒服，是因為他要做三才，但是三才他吃蔥蒜五辛素，上天沒有讓他不舒服。其實今日的聖訓講的還蠻清楚的，很多事情要變通，然後回歸自己你心裡，覺得無礙就無礙，你覺得有礙就有礙，只是三才身份有點不太一樣，因為他必須讓神佛借體，才要讓他改變吃葷食的習慣。那至於其他人，就是變通啊！出門在外，一定要方便，你要渡到一些非道場之人，你也要方便。慢慢的，如果想吃素，就會自己吃素。

（問：執著的心要怎麼去掉），人心難救，簡單講就是這樣執著固執，也就是很難摒棄自己原本的習性，或是世世代代累積下來的個性。這是為什麼須要去救人心，五教聖人都在做自己可以做的部分，那真正要救人心，我覺得兩個方法：一個就是教育，另外一個簡單講，一個是人來教，一個是事情來教，哪一個比較好教？等到事情來教，就很嚴重了。所以為什麼很急著渡回理天，因為他們下願來的回不去，老中娘心很不捨，是一定要渡到他們，他們其實也好渡，因為一點就明，一點就通，也就為什麼要有諸位啊！因為每一個人都是很好的典範，但是絕對不是單打獨鬥。每一個人用自己的方式，自己擅長的地方來說來做，團結的力量很大呀！

（問：關爺手有拿關刀跟經書有什麼不同，為何天地不仁以萬物為芻狗），最近這幾天的訓文提到很多變通，因為現在的世間，人事物常常是顛倒是非，有時候，你用對的話跟他講講不通，反其道而行就通了，這是為什麼天地要仁，但是那是表像看起來不仁，天地怎麼可能不仁啊！簡單講就是這樣。

所以有的時候，你們去傳天道說人聽，講了一堆道理聽不進去，直接跟他講：到時候在地府求，我是聽不到的喔！嚇嚇他就懂了。例如身為教授講出來的話，人家會多信幾分，因為知道他不可講歪理。講歪理人家聽不懂，就是要好好的用智慧，見人說人話，見鬼說鬼話。用對方用能夠說服對方的話，來跟他談，你一直站在你的立場講，你認為他該做的，但他聽不懂啊！如果是要對方相信你，其實你應該是要先相信對方，然後站在他的立場講話，看事情。你們有沒有印象？是今天還是昨天，有一位神明，一求道之後，都不一樣了，講話本來還是有些腔調，一求完道，整個不一樣。其實，因為他接到他的另外一世的一個靈。所以你說我拿經書也對，只是理天佛本來就是很自在。

（問：渡人後教育的問題），你現在人間修道，除了你自己要怎麼走之外，還有就是帶人、渡人的問題。老祖師的道場幾乎是從零開始，萬事起頭難，剛開始，觀音佛道連一個佛堂都沒有，有的是真道而已，真道看得到嗎？所以，有些人入道後會走，也很正常，但那是過程，慢慢的會不一樣了。你說人渡了怎麼辦，其實我們每一年都有課程，也都有法會啊！有心是可以請人來上課，現在就是大家有沒有心，有沒有能力來把事情做好。大家是一個團隊，我們叫它天團，如果每個人都很積極，其實觀音佛道不是只是這樣。但是我們不要抱怨，我們不是來抱怨天，抱怨地，抱怨人的，要怨先怨自己做了多少啊！因為你沒有辦法去控制別人，但是你可以做好自己。

如果一個人有心的話，他不做他會受不了，但是不是因為他是受不了他才做，他就是把他認為他該做可做的事，做到淋漓盡致，如果每個人都有心，道場就不只是現在這個樣子。所以我說不要怨別人，要怨就先看看自己可以做什麼。先天後天都很重要，身為天團成員應該要有信心，我在先天好好做，根本不用去擔心後天，如果你有信心的話，這是真的呀！我這樣說懂嗎？

上課需要講師，苑裡也有現成的講師，只是沒有好好的去做，我要表達的就是這一點。如果每個人在先天都做的很好，後天就沒有後顧之憂，我剛才講的話，回去好好的想一下。因為你應該看到了，好像是自己一直在找，找像你們一樣的人來一起修道，讓道場很快的壯大。但無論怎麼做，不要忘記，修道最主要的目的是讓人有智慧，很自在，有力量，無罣礙。當苦心不再是苦時，吃苦都是甜的，因為你很正念，這個很重要，正念可以打敗一切。因為這世間，看得到的一切，很短暫啊！重要的是那生生世世都不會斷的靈體真身，要趕快的恢復本來，產生德用，來渡己渡人。

好，換下一位，（問：聖訓一直提到明心見性，有什麼例子可說明這就是明心見性），其實你的問題就是說，明心見性怎麼看得出來？人如何才能明心見性？我舉例來說明：就是你跟香香，真的有講很多給你們聽嗎？也沒有。其實要跟一般人講什麼叫明心見性，簡單就用剛剛法王講的，一個人有一顆清淨明白的心，什麼問題都沒有，只是一心向道，一直做下去者即是。「明心」就是明白你自己的心懂不懂道，懂不懂天人關係，懂不懂天時道運，懂不懂祖脈傳燈等。至於「見性」即佛性顯現出來了，身口意行都是佛性在引導，簡易講就是這樣。若有人想再深入探討，就跟他說來上課，有時候時間點到了，他自己就悟了。兩位會這麼快一個原因很多，天團成員都是天人合一，所以，在走這一條路，是你的本靈跟你是一起走的，也就是明心見性了。

（問：如何反觀自己，檢視自己），先不用想要去講給別人聽，因為你要先說服你自己，一旦你說服自己，你就知道怎麼去講給別人聽。那怎麼驗證你到底有沒有明心見性？其實，如果這一個道理，經書上的或者是任何一句訓文，讓你很認同，讓你有感覺，有感覺很重要喔！你覺得真的是這樣，你就可以去跟別人分享，因為那個已經是你自己親身感受的。去跟別人講別人的經驗，那個力量很單薄，講你個人的感受，哇！那是很不一樣的。經書不一定要看很多，因為每個人的來歷不同，每個人有他可以做的事情，身為天團成員，絕對不能安於現狀啊！還是要再加油。

還有沒有問題？（問：領了三寶後沒有修，以後的去處是哪裡），其實只要沒有做什麼不好的事，說不好的話，上天算是公告的宣言，就是直登理天，想想看，這是上天的承諾，就像是一個章蓋下去了，一定有效啊！除非他做不好，不管是言語的毀謗，或是行動的叛道，只要做不好的事情，那當然就另當別論，因為上天的目的，就是要快點救回佛子啊！就像是一個特赦吧！

（問：理天跟無極理天有無差異），這部分可以請法王代答。理天跟無極理天如同太極與無極，最早只講到太極，太極就是宇宙生成的一個起點，天地萬物之源頭，有此源頭來化生，才有之後的宇宙萬有。太極就已經是最高了，為什麼又提出無極的概念？老祖師講空虛無的無，《道德經》也提出無是本體。其實，無極是太極本體的一個強調，一個形容而已。形容太極的無窮無盡，無邊無際，無始無終，無聲無色，無生無滅的永恆常存之境。所以，理天跟無極理天有無差異？對修道者來說，並不是很重要。如果是比較嚴肅的對談，就可以把人邀來上課，但是如果覺得自己並不是真的很懂，有時候謙虛是最好的工具，懂我的意思嗎？好，沒有問題了。其實你代表觀音佛道跟別人交談，不用好像要講很高深的學問，只要把你心裡的感受，你懂得的部分跟別人分享，說服力就很好了，我們下次再見。

【西湖古廟】

中華民國壹百壹拾貳年七月三日

天上聖母曰：

大家好，我是本殿天上聖母，我要先求理天三寶，感謝感謝。

西湖古廟媽祖心　湖水平平漣漪起
古時聖賢道心用　廟堂今日我明心
天上原鄉待我回　上達理天終見鄉
聖母感動心澎湃　母心佛心同一心
世間苦人期待深　能上法船渡回鄉
時間快到我準備　攜手天團共赴會

我講到這裡，再次感謝大家。

【黃將軍廟】

中華民國壹百壹拾貳年七月三日

黃將軍曰：

大家好，我是黃將軍，非常感謝大家，我要先求理天三寶。

黃氏將軍見媽祖　將軍有福接三寶
軍心原來是佛心　廟堂今日明心性
黃家子孫有福氣　將來名留青史遠
軍心感恩心有定　來把稟習修了去
再把本心來學習　有福功德來建立

我言至此，再次感謝大家。

【湖下忠義廟】

中華民國壹百壹拾貳年七月三日

關聖帝君曰：

大家好，我是湖下忠義廟關聖帝君是也，大家辛苦了，我要求理天三寶，感謝感謝。

湖下忠義有關爺　下來人間佑鄉民
忠義之身佛心用　義心義氣是道心
廟堂迎接好兄弟　關爺喜見姊妹迎
聖賢今日聚一堂　帝君賀喜入明盤
君心有義有今朝　祖脈傳燈我有份
白陽時期天時緊　快馬備好傳道去
我知理天佛子心　辛苦不知何原因
思鄉何處是我鄉　苦在何時能靠岸
天團駛來法船渡　旗幟飄飄理天來

我心有感淚兩行　天上母親今日見

一切過去眼前現　好時好日今日起

大責一肩來扛起

我言至此，再次感謝大家。

【萬神宮】

中華民國壹百壹拾貳年七月三日

萬神爺曰：

大家好，我是萬神宮萬神爺，我要代求三寶，感謝感謝。

萬神皆動萬神喜　神心也是萬佛心
宮堂今日天堂現　萬紫千紅不可比
神心回我本初心　爺們大開玄關門
原來世界非我見　天外還有天外天
亦步亦趨任君行　來報上天疼兒心
再次感謝天團臨　救苦救心功德立

我言至此，再次感謝大家。

【佛祖廟】

中華民國壹百壹拾貳年七月三日

觀音佛祖曰：

大家好，我是佛祖廟觀音佛祖，今天真的好高與，見到這麼多兄弟姐妹，原來世界是這麼樣的，我要求理天三寶，感謝感謝，我見到理天了。

佛心原來我本心　祖上有德今日享
廟門玄關一點明　觀音佛祖見觀音
音傳我心是母聲　佛天佛地原鄉情
祖脈傳燈降大道　來把佛子渡回去
天團成員佛心大　救我本心明本性
此恩難報細思量　努力學習牽手行

我言至此，再次感謝大家。

【靈忠廟】

中華民國壹百壹拾貳年七月三日

洪府元帥曰：

大家好，大家好，我是靈忠廟洪府元帥，我要求理天三寶，感謝感謝。

靈山有佛堂中坐　忠孝仁愛是我心
廟堂今日接三寶　洪府元帥應天命
府上紛紛來道喜　元神本靈天人合
帥性帥情是佛心　正氣滿滿渡人心
天高水深我努力　路再艱困我來行
才好報答老中恩　領我天道救我心

我言至此，再次感謝大家。

【吳府王爺宮】

中華民國壹百壹拾貳年七月三日

吳府王爺曰：

大家好，我是吳府王爺宮吳府王爺，我要先求理天三寶，感謝感謝。

吳府王爺有感應　府上天際現天光
王爺領旨來接寶　爺心今日轉佛心
宮前宮後喜洋洋　吳家有道代代傳
府上祖先聖賢行　王爺接命傳天道
爺心滿滿謝天恩　其來有自我心明
也是我願該了時　上天苦心好安排
天團金門來傳愛　母親大愛傳人間
氣天人世苦心渡　理天佛子走大路
不再費時覓無處　從今爾後觀自心

與心對話不違心　才是人間好事情
我言至此，再次感謝大家。

【李府將軍廟】

中華民國壹百壹拾貳年七月三日

李府將軍曰：

大家好，我是林邊李府將軍廟李府將軍，我要先求理天三寶，感謝感謝。

林中府竹見觀音　邊上祥雲佛仙顯
李府將軍見異象　府前趕緊待天團
將軍有福接三寶　軍心威武見佛心
廟堂眾神皆歡喜　李府子孫共享福
府前下願我努力　將來責任肩扛起
軍心佛心本一體　今日我明路大開
用我佛心做事情　用我軍心遊三天
來把責任了了去　再來回鄉見母親

我言至此，再次感謝大家。

【黃厝關帝廟】

中華民國壹百壹拾貳年七月三日

關聖帝君曰：

大家好，我是黃厝關帝廟關聖帝君，大家辛苦了，我要接理天三寶，感謝感謝。

黃厝有座關帝廟　厝內有喜佛燈亮
關聖帝君會兄弟　帝君心喜迎貴賓
廟堂滿滿是佛心　關爺今日見觀音
聖佛聖仙有責任　帝君明白道真義
君心有道來行道　非比一般堂中坐
末法時期唯道興　才能速速救苦心
理天佛子一點明　一來傳十十傳百
人人有責肩扛起　渡回兄弟姐妹情

我言至此，再次感謝大家。

【黃厝福德祠】

中華民國壹百壹拾貳年七月三日

福德正神曰：

大家好，大家好，我是福德祠福德正神，我要先求理天三寶，感謝感謝。

黃厝今日有喜事　厝上宮廟點點亮
福德正神有福報　德心佑民有今日
祠內眾神喜眉梢　福氣何來緣份到
德有大小不重要　正心正義勤學習
神佛大愛去救心　有道行道是責任
責任完成了願去

我言至此，再次感謝大家。

【麟護宮】

中華民國壹百壹拾貳年七月三日

天上聖母曰：

大家好，我是麟護宮天上聖母，我要求理天三寶，感謝感謝。

麟護宮裡媽祖神　護鄉佑民最有力
宮前天團來送寶　天上聖母喜相迎
上天慈悲把道降　聖母有福接天命
母心今日明道意　原來我本天之兒
來到人間了因果　只是大願忘了去
上天慈悲人間住　等待天團來牽引
今日開始了願時　感恩感恩再感恩
謙卑學習我努力

我言至此，感謝感謝。

#【后頭福德祠】

中華民國壹百壹拾貳年七月三日

福德正神曰：

大家好，我是后頭福德祠土地公，我要先求理天三寶，感謝感謝。

后頭福神有道心　頭上青天天堂現
福德祠內辦喜事　德心感動天降道
祠堂門開接大禮　福德正神登理天
德高望重不敢當　正心正義才是真
神心佛心渡人心　才是真正大佛心
我在白陽四盤期　接了天命非一般
眾神眾佛齊道喜　我心明白有原因
救人脫離輪迴苦　苦心不再真自在
自在之心天堂遊　這是第一大福氣

我言至此，再次感謝大家。

觀音佛母曰：

（問：很多年輕人在研究的靈學與本靈的關係），知道很深的理論去跟別人戰，誰說得好，誰說的對，戰這些有沒有意義？如果說戰完之後，我方輸了就是要去信對方的嗎？其實，本靈也就像一般常說的「高我」，是一種覺醒的靈性，擁有更高的力量、智慧與愛心。這次的訓文常常講天人合一，那個天就是高我啊！他引導你去做對你來說對的事情，但如果走的是偏的呢？那還是你的高我嗎？當然不是。如果真的是你的高我，是那個清淨的你，不可能把你帶偏離正道。

珍珍曾經跟一個朋友說，你去信教很好，但是珍珍並沒有說，自己信的就是最好，每個人的緣份不同，每個人會被渡回去的地方也不太一樣，我們自己歡喜心，做我們認為對的事情就好了，有緣自會相聚。

還有別的問題嗎？（問：稟習是不是稟性跟習氣，如何去除），你們是人，只是你們現在跟一般人不一樣，是因為你們常常的所思所言所行，也許有的時候不知道，但真的就是天人合一，就是所謂的靈感。但是你的那個靈感產出的時候，如果對一切是好的，那個靈感就是來自你的高我，但是你的產出是不好的，那個靈感就是來自稟性，也就是後天，世世代代後天累積下來的。怎麼去掉啊！其實就像人一樣，有很多種神佛其實還是有些自己先天的個性。

這樣說好了，一個人非常懂道，他也行道，但他喝酒，那他就是壞人嗎？有人滿口仁義道德，但是所做所言是背道而馳，那他是好人嗎？所以那並不是一定是判斷一個人好壞標準。但是，當你想要更好時候，你就應該棄你的稟習才對。如果一個人離道很久或很遠，那個稟習一定越來越重，相對的，他如果常常在這樣的環境，一個道的世界裡生活，與道親近，他棄稟習的機會越來越高。

如果沒有上課，沒有聽課，沒有學習，你根本也不知道什麼是稟習啊！我改不掉我的個性，佛母啊！你幫幫我吧！仙佛常講，你要走一步我們才能推兩步，你連一步都沒有走，如何幫你？所以你自己要有決心，那要很大很大的努力才有辦法改變。其實你想想看，累生累世帶來的東西，有可能在一瞬間改變嗎？很難吧，但也不是不可能，因為那就是頓悟。

上天都是慈悲的，這一世沒有改完，下一世有可能還要再來改。沒有逼你來，但是自己可能會想再來。回理天難道就從此逍遙自在嗎？還是要學習啊！等一下我退了，大家可以發表一下感言，或者是挑其中一篇就好，不要太多，不要太辛苦，大家可以討論一下看法，做一個總結。

（問：氣天神一點就明，與人間佛子一點差別在哪裡），第一能夠成為氣天神，祂一定是有相當好的德行或德性，所以上天才派祂駐在這裡，護鄉佑民。第二我們在人間點了人，在金門點你，你人還是在金門；在氣天神來說，一點就可以直登理天，祂們看到的是不一樣的，祂看到是真實理天世界原貌，當然很容易就明白了。香香去過理天，她可以感受那種感覺，雖然只是一瞬間，香香可能一點就明了。但是氣天神還是要學習，氣天神還是有很多不懂的地方，懂的不見比你們多，因為你們有在明盤薰習學習，明盤有很多弟子，是理天下凡來的啊！這樣知道嗎？大家辛苦了。

烏坵鄉

【大坵天上聖母廟】

中華民國壹百壹拾貳年七月四日

天上聖母曰：

大家好，我是大坵天上聖母，我要求理天三寶，感謝感謝。

大神小神聚一堂　坵上我見觀音媽
天上聖母見姊妹　上達理天好緣聚
聖母思量責任大　母親旨令來扛起
廟前誠心來下願　天上人間渡十方
上天下海我來走　聖母軍團最有力

母愛佛子願渡回　天團牽引見本心

才知原鄉在眼前　苦心原來是佛心

我言至此，再次感謝大家。

【大坵自由宮】

中華民國壹百壹拾貳年七月四日

自由公曰：

大家好，大家辛苦了，我是大坵自由宮的自由公，我要先求理天三寶，感謝感謝。

大坵自由公感應　坵裡天音傳我心
自由宮前眾神聚　由來有自福氣到
宮前我把三寶接　自在我心遊三天
由誰來把苦心渡　公把責任來扛起
自由之身遊自心　先天後天是我境
放下我執真自由　真道快快講人聽
苦心不再回本心　事事皆是好事情

我言至此，再次感謝大家。

國家圖書館出版品預行編目資料

金門神話／陳澤眞編著. --初版.--臺中市：白象文化事業有限公司，2023.12
面； 公分
ISBN 978-626-364-144-0（平裝）
1.CST: 寺廟 2.CST: 民間信仰 3.CST: 金門縣
272.097 112016895

金門神話

編　　者　陳澤眞
校　　對　林志英
發 行 人　張輝潭
出版發行　白象文化事業有限公司
412台中市大里區科技路1號8樓之2（台中軟體園區）
出版專線：（04）2496-5995　傳眞：（04）2496-9901
401台中市東區和平街228巷44號（經銷部）
購書專線：（04）2220-8589　傳眞：（04）2220-8505
出版編印　林榮威、陳逸儒、黃麗穎、水邊、陳媁婷、李婕、林金郎
設計創意　張禮南、何佳諠
經紀企劃　張輝潭、徐錦淳、林尉儒、張馨方
經銷推廣　李莉吟、莊博亞、劉育姍、林政泓
行銷宣傳　黃姿虹、沈若瑜
營運管理　曾千熏、羅禎琳
印　　刷　基盛印刷工場
初版一刷　2023年12月
定　　價　300元